초지능 담론의 철학적 분석

AI문고

인공지능 시대입니다. 기계가 인간의 인지를 대신하고, 사물이 인간을 통하지 않고 다른 사물과 직접 커뮤니케이션합니다. 이에 따른 인간 삶과 문명 변화를 정확히 이해·예측·대응하는 것은 이 시대 우리 모두의 과제입니다. AI문고는 인공지능 기술과 환경의 여러 주제를 10가지 키워드로 정리합니다. 관련 개념과 이론, 학계와 산업계의 쟁점, 우리 일상의 변화를 다룹니다. 인간과 기술의 현재, 미래를 세심히 분석합니다.

일러두기

- 인명, 작품명, 저서명, 개념어 등은 한글과 함께 괄호 안에 해당 국가의 원어를 병기했습니다.
- 외래어 표기는 현행 어문규정의 외래어표기법을 따랐습니다.

처음이세요?

전문가세요?

초지능 담론의 철학적 분석

조현진

대한민국, 서울, 커뮤니케이션북스, 2026

초지능 담론의 철학적 분석

지은이 조현진
펴낸이 박영률

초판 1쇄 펴낸날 2026년 1월 27일

커뮤니케이션북스(주)
출판 등록 2007년 8월 17일 제313-2007-000166호
02880 서울시 성북구 성북로 5-11
전화(02) 7474 001, 팩스(02) 736 5047
commbooks@commbooks.com
www.commbooks.com

ISBN 979-11-430-1768-0 03500

책값은 뒤표지에 표시되어 있습니다.

차례

초지능, 신세계인가 신기루인가?

2016년 3월 구글 딥마인드의 인공지능 알파고가 이세돌과의 바둑 대국에서 압승을 거둔 이후 인공지능 기술은 10년도 안 되는 사이에 비약적인 발전을 보여 주고 있다. 2021년 오픈AI사는 생성형 인공지능 프로그램 달리(Dall-E)를 통해 텍스트를 이미지로 생성하는 기술을 선보였고, 2022년에는 전 세계적인 열풍을 일으킨 챗GPT를 출시해 인공지능 대중화의 신기원을 이루었다. 또 2024년 앤트로픽 사는 강력한 추론 능력을 갖춘 클로드3(Claude3)를 출시해 언어 모델 경쟁을 가속화했고, 2025년 들어 여러 테크 기업들은 AI가 단순한 답변을 넘어 스스로 도구를 사용하고 작업을 수행하는 에이전트 형태의 프로그램을 내놓기 시작했다. 노벨상위원회는 인공지능 기술의 이런 비약적 발전에 주목해 2024년 노벨화학상과 노벨물리학상을 인공지능 연구자인 제프리 힌턴, 데미스 허사비스, 존 홉필드에게 수여하기도 했다.

인공지능 기술의 급속한 발전과 함께 인공지능에 대한 다양한 전망과 예측이 여기저기서 터져 나오고 있다.

노벨 물리학상 공동 수상자인 제프리 힌턴은 초지능이 다가오고 있으며, 이것이 주도권을 장악할 가능성이 매우 높기 때문에 자신이 파멸의 예언자가 될 것(The New Yorker, 2023.11.13)이라 선언하며 고도로 발달한 인공지능의 위험성을 경고하는 일에 매진하고 있다. 또 다른 인공지능 전문가인 요슈아 벤지오는 "첨단 인공지능 시스템이 점점 더 넓은 범위의 작업을 수행할 수 있게 되었지만 동시에 편향과 허위 정보에서부터 잠재적인 통제권 상실에 이르기까지 중대한 위험을 초래하고 있다"(Bengio, 2023)고 지적하며 고도로 발전한 인공지능에 대한 선제적 대응이 필요함을 역설하고 있다. 이에 반해 구글 브레인 설립자이자 AI 교육 전문가인 앤드류 응(Andrew Ng)은 인공지능의 위험성을 우려하는 것은 "화성의 인구 과잉 문제"를 걱정하는 것만큼이나 불필요하다고 주장하며 인공지능의 위험성에 대한 경고를 일축한다. 또한 현재 사용되는 인공지능의 핵심 기술인 딥러닝 분야의 선구자 중 하나인 얀 르쿤(Yann LeCun)은 우리가 비행기를 설계할 때 처음부터 안전하게 설계하는 것처럼, AI도 안전하게 설계하면 되며, 문제는 훌륭한 설계(BBC 인터뷰, 2023.6.14)임을 분명히 한다. 요컨대 앤드류 응이나 얀 르쿤은 인공지능으로 인한 문제들은 인류를 멸종이나 파멸로 이끌 정도로 심각한 것이 아니며 공학적으로 충분히 해결이 가능하다고 본다. 고도로 발달한 인공지능의 위험성을 둘러싼 전문가들의 이와 같은 커다란 의견 불일치를 어떻게 이해해야 할까?

인공지능의 위험성을 둘러싼 전문가 의견 불일치

이런 의견 차이를 이해할 수 있는 한 가지 단서를 인공지능 연구자들이나 테크 기업계 종사자들이 사용하는 지능 개념에서 찾을 수 있다. 먼저 테크 기업 CEO들의 발언을 보자. 엑스AI사의 CEO인 일론 머스크는 '일반 인공지능'을 '광범위한 인지적 작업에서 인간 수준 또는 그 이상의 능력을 가진 AI'(X-라이브 인터뷰, 2024.4)로 정의하며 앞으로 공개될 자사 챗봇 그록5(Grok5)가 "일반 인공지능이거나 일반 인공지능과 구별 불가능한 수준이 될 것"(X계정, 2025.10.18)이라 선언했다. 또 그는 '초지능'을 "어떤 분야에서든 인간보다 똑똑한 AI"라고 설명하면서 "아마 내년 또는 2년 안에 나올 것 같다"(X-Spaces 인터뷰, 2024.4.8)는 예측을 하기도 했다. 머스크는 이러한 고도로 발달한 인공지능의 출현으로 인해 인류가 멸망할 확률이 약 20%라고 보며 그 위험성과 통제의 어려움을 경고하고 있다. 오픈AI사의 CEO 샘 올트먼은 '초지능'을

“사람들보다 훨씬 더 능력이 있는 체계”(Sam Altman 2023.2.24)로, 또 ‘일반 인공지능’은 “많은 분야에서 인간 수준으로 점점 더 복잡한 문제를 다룰 수 있는 체계”(Sam Altman 2025.5.8)로 정의하며, 이런 고도로 발달한 인공지능이 대단한 잠재력뿐만 아니라 실질적인 부정적 영향이 있을 것이라 예측하고, 그에 대한 대비가 필요함을 역설한다. 두 CEO들은 초지능과 일반 인공지능 개념을 모두 인간과 관련해서 규정하고 있지만 일관된 기준으로 두 개념을 정의하고 있지는 않다. 머스크는 ‘일반 인공지능’을 ‘광범위한 인지적 작업’과 관련해 정의하는 한편, ‘초지능’은 ‘모든 분야’와 관련해 규정하고 있다. 하지만 인지적 작업이 인간의 모든 분야를 포괄하지 않는다는 것은 명백하기에 머스크의 ‘초지능’ 정의는 철저하게 ‘인지적 작업’에 초점을 맞춘 것이라 할 수 있다. 올트먼의 경우에도 사정은 마찬가지다. 앞서 언급했듯이 올트먼은 ‘일반 인공지능’을 ‘점점 더 복잡한 문제 해결’이라는 측면에서 서술하는 한편, ‘초지능’은 ‘능력’이라는 관점에서 규정한다. 능력에는 문제 해결력만 있는 것이 아니기에 능력은 문제 해결력 이상의 것을 포함한다고 할 수 있다. 그럼에도 올트먼이 초지능을 “사람들보다 훨씬 능력이 있”다고 말할 때, 이런 ‘능력’이 인간의 ‘공감 능력'이나 '자기 관리 능력' 같은 것을 포함한다고 보기는 어렵다. 자사 인공지능이 현재 복잡한 추론 능력을 갖추고 있으며, 앞으로 자율형 작업이나 새로운 과학적 발견을 할 수 있게 하겠다는 그의 발언을 통해 볼 때, AI의 능력 개념이 인지적 능력의 범위를 벗어난다고 보기는 어렵다(Tharin Pillay, Time, 2025.1.8) 따라서 올트먼의 이런 정의는 '인지적 문제 해결'의 측면에 전적으로 초점을 맞춘 것이라 할 수 있다.

또 하나 이들에게서 주목할 것은 초지능이나 일반 인공지능의 위험성을 지적할 때 드러나는 지능관의 차이다. 머스크는 일단 일반 인공지능이 개발되면, 그것이 인간의 도움 없이도 재귀적인 자기 개선을 통해 자신을 업그레이드하고, 이를 통해 디지털 초지능에 진입할 것이라 예측한다. 이 과정에서 인간은 천재적인 아이를 창조했지만 이 아이를 통제하지 못하는 창조자처럼(일론 머스크 XAI Grok 4 출시 라이브스트림 발언, 2025.7.10), 자신이 창조한 초지능에 압도될 것이라 주장한다. 이런 시나리오에 따르면, 초지능의 지능은 인간의 목표나 과제를 수행하는 도구적인 기능에서 벗어나 스스로 목표를 설정하고 이를 실행할 수 있는 자기 목표 설정 능력을 가진 것으로 그 성질이 바뀐다고 말할 수 있다. 반면 올트먼은 이와는 다른 관점을 보여 준다. 일반 인공지능의 정의에서 볼 수 있듯이, 올트먼은 지능을 점진적으로 증대되는 능력의 관점에서 보며, 따라서 일반 인공지능에서 초지능으로의 이행을 연속선상에 있는 것으로 파악한다. 또 올트먼은 지능을 과제나 목표의 수행 능력과 관련된 도구적인 것으로 이해한다. 이는 초지능이 스스로 자신의 목표를 설정할 수 있다는 머스크의 주장과는 큰 차이를 보이는 주장이라 할 수 있다. 지능을 보는 양자의 입장차는 자연스럽게 초지능에 대한 대처 방안의 차이로 이어지게 된다. 머스크는 초지능이 인간을 능력 면에서 압도할 뿐만 아니라 초지능이 가진 목표와 인간의 목표가 충돌할 수 있기 때문에 초지능의 문제는 단순히 초지능을 기술적으로 관리하거나 통제하는 문제가 아니라 근본적으로는 어떻게 초지능과 공존할 것인가 하는 문제라고 할 수 있다. 반면 올트먼은 인공지능을 철저히 도구적인 것으로 보기 때문에 초지능의 문제는 인공지능을 어떻게 인간의 목표에 맞게 사용하고 관리할 것인가와 관련된 문제로 귀착된다고 할 수 있다.

인공지능 문제를 보는 이와 같은 관점들의 충돌과 그에 기반한 대처 방안의 차이는 AI 연구가들에게도 변형된 형태로 다시 나타난다. 제프리 힌턴 역시 올트먼과 유사하게 지능을 인지 시스템의 일종으로 본다. 하지만 힌턴은 인공지능이 자기 수정 과정을 통해 자율적 에이전트로 성장해 인간에게서 통제권을 빼앗을 가능성이 있는 것으로 묘사한다(조슬기나, 2024.1.2). 초지능을 창조자의 통제권에서 벗어난 '천재적인 아이'에 빗댄 머스크처럼, 힌턴은 인공지능을 나중에 자라 키운 이를 죽일지도 모르는 '귀여운 새끼 호랑이'에 비유한다(이지윤, 2025.4.28). 공포감을 조성할 정도로 초지능의 위험성을 경고하는 힌턴의 행보는 인공지능을 보는 이런 관점을 반영한 것이라 할 수 있다. 이에 반해 얀 르쿤은 힌턴과는 다른 관점을 보여 준다. 르쿤은 "갑작스럽게 초지능이 세계를 장악한다는 개념은 SF"(Lloyd Lee, 2025.3.19)라고 말하면서 머스크와 같은 초지능관을 거부한다. 그러면서 올트먼과 유사하게 "AI는 점진적으로 발전할 것이며, 이 과정에서 우리가 안전장치를 설계할 수 있다"고 낙관적으로 전망한다. 최근 르쿤은 지능이 특정한 영역에 특화된 영역-특수적인 개념이기 때문에 일반 인공지능이란 개념 대신 '인간에게 중요한 영역(human-relevant)에서 인간 수준으로 마스터하는 기계'라는 용어로 대체해야 한다고 주장하기도 했다. 이런 관점 때문에 르쿤은 초지능의 문제를 천천히 대비해도 되는 기술적 문제로 간주한다. 이처럼 초지능의 문제를 둘러싼 여러 의견의 불일치 밑바탕에는 '지능'의 의미와 관련된 입장 차이가 깔려 있다고 할 수 있다.

초지능 담론 기저의 철학적, 사상적 전제들

이처럼 초지능과 관련된 다양한 의견을 이해하기 위해서는 지능 개념을 둘러싼 여러 논자들의 관점 차이를 이해해야 한다. 하지만 초지능의 문제에 대한 분석과 대처 방안을 이해하기 위해서는 여기서 한 걸음 더 나아가 초지능에 관해 논의하는 논자들의 철학적, 사상적 전제들을 파악할 필요가 있다. 그들이 어떤 사상적, 철학적 전제들을 취하는가에 따라 초지능의 문제에 대한 분석 방향은 물론 대처 방안이 달라지기 때문이다. 이 점을 잘 보여 주는 키워드가 장기주의, 특이점주의, 포스트휴먼이다.

이후에 보겠지만 '특이점주의'(singularism)는 커즈와일이 처음 사용한 말로 '특이점 이후의 시대에 대한 특정한 믿음 내지 태도'를 의미한다. 커즈와일은 '특이점'을 '인간 지능과 인공지능과 같은 기계 지능이 융합하여 지능이 비약적으로 확장되는 순간'으로 규정한다. 특이점주의는 이처럼 인간과 기계가 융합돼 양자의 경계가 사라지는 시대를 촉진하고 적극적으로 준비하자는 태도와 믿음을 말한다(레이 커즈와일, 2025). 커즈와일의 논의가 이후 다양한 초지능 담론의 원형이 되었던 것처럼, 특이점주의 역시 초지능 문제에 대한 다양한 논자들의 반응에 큰 영향을 끼쳤다. 이후에 더 자세히 보겠지만, 인공지능 개발의 속도를 늦추자는 유발 하라리의 감속주의는 특이점을 앞당기자는 커즈와일의 특이점주의에 대한 일종의 반작용이라고 할 수 있다. 또 올트먼의 '부드러운 특이점'이란 표현은 특이점 이전과 이후 시기의 급격한 단절의 충격을 줄이기 위해 속도 조절을 통해 특이점 시대를 대비하자는 의미를 담고 있다고 볼 수 있다.

초지능 문제에 대한 대처 방안의 차이를 이해할 수 있게 하는 또 다른 키워드는 '포스트휴먼'이다. 이는 오래된 계보를 가진 용어이지만 역시 커즈와일의 저서를 통해 전 세계적인 관심을 끌게 된 개념이라고 할 수 있다. '포스트휴먼(posthuman)'은 특이점 이후 '기술과 인간 지능의 융합을 통해 생물학적 한계를 넘어선 존재'를 말한다(레이 커즈와일, 2025). 초지능 문제와 관련해 이것은 무엇보다 초지능 문제에 대한 커즈와일의 대응 전략이라고 할 수 있다. 이런 포스트휴먼으로의 변화를 긍정하고 지지하는 운동인 트랜스휴머니즘은 포스트휴먼으로의 이행을 집단적이고 사회적으로 조직하고 추진하려는 시도라고 할 수 있다. 이런 포스트휴먼으로의 이행이나 트랜스휴머니즘 지지 전략은 특히 자율형 에이전트로서의 초지능의 위험성과 그 통제 불가능성을 우려하는 논자들에 의해 수용되는 경향이 있다.

초지능 문제에 대한 대처 방안을 이해하기 위해 필요한 세 번째 배경 사상은 장기주의(longtermism)다. 장기주의는 원래 미래 세대 인류의 장기적 생존 및 번영을 최우선 가치로 삼는 사상이다. 이 사상은 현재 존재하고 있는 인류의 이익이나 복지보다 태양계 소멸 이전까지 존재하게 될 미래 인류의 이익과 복지가 더 중요하며, 따라서 미래 인류를 위해 현재 인류의 이익이나 복지가 희생될 수 있다는 주장으로 이어진다. 이런 장기주의 사상의 지지자들은 미래 인류의 존재를 위협하는 주요한 존재적 위험으로 인공 초지능을 지목하면서 이에 대한 철저한 대비가 필요함을 역설한다. 초지능 담론을 선도하는 철학자 닉 보스트롬은 미래 인류의 '장기적 잠재력(longterm potential)', '존재적 위험(existential risk)' 같은 용어뿐만 아니라 존재적 위험을 1% 감소시키는 것은 1000억 명의 생명을 구하는 것과 같다는 주장(Bostrom, 2013) 등을 통해 장기주의의 이론적 초석을 놓은 인물로 평가받는다. 머스크가 초지능으로 인해 인류가 멸망할 확률이 낮다고 봄에도 불구하고 인공지능의 위험에 적극 대처하자고 주장한다든가, 화성 탐사에 거액의 투자를 하는 것도 장기주의에 대한 그의 지지라는 맥락에서 이해될 수 있다. 인공지능 관련 정책의 의사 결정 담당자가 이런 장기주의를 채택하는가에 따라 현재 발생하고 있는 인공지능의 부작용이나 폐해에 집중할지 아니면 미래에 예상되는 초지능의 문제를 최우선적으로 고려할지 여부가 달라질 수 있다. 이런 점에서 장기주의는 초지능 문제에 대한 대처 방식을 이해하는 하나의 열쇠가 될 수 있다.

초지능 문제와 그 해결에 대한 다차원적, 다면적 접근의 필요성

이상에서 간략히 본 것처럼 초지능 문제와 관련된 의견의 불일치는 우리가 지능을 어떻게 볼 것인가와 관련된 의견 차이뿐 아니라 인공지능으로 인해 발생하는 문제들 중 어떤 문제에 더 우선권을 두어 대처할 것인가 하는 우선권에 대한 인식 차이를 어느 정도 반영한다고 볼 수 있다. 따라서 초지능으로 인해 발생되는 문제의 성격을 규정하고 그에 대한 대처 방안을 제시하기 위해서는 초지능 문제에 대한 다차원적이고 다면적인 접근이 요구된다.

우리가 초지능을 자율적 에이전트로 기능하고 자기 스스로 목표를 설정할 수 있는 능력을 갖춘 존재로 본다면, 초지능에 대한 기술적 통제는 물론이고 초지능과의 공존 가능성 여부가 진지한 문제로 대두된다는 점을 지적한 바 있다. 그러나 초지능과의 공존 문제는 다시 초지능이 인간에게 어떤 방식으로 얼마나 해악을 줄 수 있는가에 대한 인식의 차이에 따라 다른 방식으로 처리될 수 있다. 가령 우리가 초지능을 인간처럼 자의식을 갖고 자신의 목표를 추구하는 존재로 본다면, 초지능의 해악은 마치 적이 아군을 공격하는 것과 같은 전쟁의 양상으로 인식될 것이며, 초지능에 대한 대처 역시 이에 준하는 방식으로 이루어질 것이다. 반면 초지능이 자의식도 없고 자기 스스로 목표를 설정하는 존재도 아닌 철저히 도구적인 존재라 인식된다면, 초지능에 대한 대처는 기술적이거나 공학적인 방식으로 처리될 가능성이 높을 것이다. 마지막으로 초지능이 상당히 자율적인 에이전트로 과제를 수행할 수 있지만 자기 스스로 목표를 설정할 수는 없는 존재로 간주된다면 초지능의 해악은 주로 인간의 목표와 인공지능의 도구적 목표 간의 불일치의 문제라는 방식으로 제시될 것이다.

그러나 이상의 논의로부터 초지능의 문제가 전적으로 기술적이거나 공학적인 문제라는 결론은 도출되지 않는다. 초지능으로 인해 야기될 것으로 예상되는 다양한 문제들은 커다란 사회적, 정치적 파급 효과를 일으키며 많은 경우 그 자체 윤리적, 정치적 판단을 요구하기 때문이다. 가령 할루시네이션(hallucination) 문제와 AI 신용평가의 문제를 보자. 할루시네이션은 보통 인공지능이 학습 데이터에 없거나 진실이 아닌 정보를 마치 진실처럼 그럴듯하게 만들어 내는 현상을 말한다. 이는 흔히 인공지능 시스템의 오류나 버그로 간주되지만, 최근에는 이런 현상을 인간 피드백 기반 강화 학습에 기초한 보상 체계를 가진 인공지능의 구조적인 특성으로 간주하는 흐름이 대두되고 있다(Gabriel, 2020). 이런 관점에 따르면 현 보상 체계와 대형 언어 모델에 기반한 챗봇의 할루시네이션은 진실된 답이 아니라 유창하거나 명확한 답 같은 진실의 대리 지표(proxy)를 최적화함으로써 생기는 현상이며, 버그라기보다는 제거 불가능한 구조적 특징에 가까운 것이라 할 수 있다. 다시 말해 할루시네이션은 진실보다는 그럴듯함이 더 높은 평가를 받는 보상, 평가 구조에서 발생할 수 있다. 그럼 이런 할루시네이션에 대한 책임은 어디에 있는 것일까? 챗봇 사용자가 악의적인 프롬프팅을 한 게 아니라면 사용자의 책임이라 말할 수 없으며 그런 보상, 평가 구조를 설계한 설계자만의 책임도 아니다. 이는 진실하지 않더라도 그럴듯하면 성공적으로 작동하도록 만든 보상, 평가 구조를 채택한 제도적 관행에 상당 부분 책임이 있다고 볼 수 있다(Gabriel, 2000). AI 신용평가 같은 경우도 사정은 마찬가지다. 신용평가 AI가 특정 지역, 특정 계층 사람의 '안정적인 소득이 있다'는 자기 보고에 낮은 평점을 부여했다고 하자. 이때 그 사람이 겪는 피해는 단순히 알고리즘의 편향이 아니라 특정 지역 혹은 특정 계층이란 이유만으로 그 사람의 진술이나 증언을 낮게 평가하는 구조적 부정의가 알고리즘화된 형태로 나타난 것으로 볼 수 있다. 이런 문제가 인공 초지능에게도 나타난다면 초지능 문제는 기술적, 공학적 문제일 뿐만 아니라 윤리적이고 정치적인 문제라고 할 수 있을 것이다.

책의 구성

이후의 논의에서는 초지능에 의해 야기되는 문제와 그에 대한 대처 방안을 다차원적으로 접근하려고 한다. 1장에서는 초지능과 분리 불가능한 특이점 담론의 원형을 제시한 커즈와일의 가속주의와 그에 대한 일종의 반작용인 유발 하라리의 감속주의를 소개하고, 이를 통해 초지능 담론이 특이점주의와 어떤 연관성이 있는지를 보여 줄 것이다. 2장에서는 초지능 담론을 선도하는 테크 기업의 CEO인 머스크와 올트먼의 대중적인 초지능 담론 안의 장기주의적인 요소들을 소개하고, 이를 통해 초지능에 대한 이해 및 대처 방안이 어떻게 달라질 수 있는지를 보여 줄 것이다. 3장에서는 대중적 초지능 담론에서 다소 혼란스럽게 사용되는 초지능, 일반 인공지능, 강한 인공지능이라는 세 개념의 의미를 좀 더 명료화하는 작업을 진행할 것이다. 4장에서는 보스트롬과 S. 러셀의 논의에 기반해 초지능이 가능하기 위한 다양한 경로들을 소개하고, 이런 다양한 경로들이 과연 얼마나 설득력이 있는지 검토할 것이다. 5장에서는 초지능 개발을 가속화함으로써 인간의 생물학적 한계를 극복하자는 운동인 트랜스휴머니즘의 흐름을 소개하고, 이들의 초지능 담론의 의의와 한계를 짚어볼 것이다. 6장에서는 인공 초지능의 위험을 바라보는 두 관점을 소개하고, 7장에서는 초지능으로 인한 여러 유형의 문제와 그 가능한 방식들을 소개할 것이다. 8장에서는 이러한 초지능의 위험에 대한 다섯 가지 반응을 소개하고 이들 각각의 의의와 한계가 무엇인지 살펴볼 것이다. 9장에서는 초지능의 문제를 급변론적인 관점에서 새롭게 해석하고 이에 기반해 앞서 언급한 초지능의 여러 문제 유형들을 새롭게 규정할 것이다. 10장에서는 초지능 문제에 대한 다차원적인 대처 방안을 소개하고, 초지능 문제에 대처하기 위한 대안 윤리의 세 가지 방향성을 제시할 것이다.

참고문헌

신상규(2014). 《호모 사피엔스의 미래: 포스트휴먼과 트랜스휴머니즘》. 아카넷.

이지윤(2025.4.28). "새끼호랑이 같은 AI, 자란뒤 당신 죽일 수도", 동아일보.

조슬기나(2024.1.2). "제프리 힌턴 '인간 초월한 AI가 통제권 빼앗을 확률 50%", 아시아경제.

닉 보스트롬(2017). 《슈퍼인텔리전스》. 조성진 옮김. 까치.

레이 커즈와일(2025). 《특이점이 온다》. 김명남·장시형 옮김. 김영사.

Altman, S.(2023.2.24). *Planning for AGI and beyond. OpenAI.* https://openai.com/index/planning-for-agi-and-beyond/

Altman, S.(2025.5.8). *Testimony before the U.S. Senate Committee on Commerce, Science & Transportation,* May 8, 2025. "Winning the AI Race: Strengthening U.S. Capabilities in Computing and Innovation."

Bengio, Y.(2023). The International Scientific Report on the Safety of Advanced AI. 2023 AI Safety.

Bostrom, N.(2013). "Existential Risk Prevention as Global Priority," *Global Policy,* London School of Economics and

Political Science, vol. 4(1).

Gabriel, I.(2020). Artificial Intelligence, Values, and Alignment. *Minds and Machines, 30(3)*, pp.411～437.

Kleinman, Z.(2023.6.14). "Meta's Yann LeCun: 'AI is not going to take over the world.'" BBC News, June 14, 2023. https://www.bbc.com/news/technology-65892611

Lee, L.(2025.3.19). "AI won't replace people — people will boss AI around, Meta chief AI scientist says" *Business Insider*.

Musk, E.(2024.4.8). Elon Musk: AI, Space, X, Mars, speed and hardcore (N. Tangen, Interviewer) [Audio podcast episode]. In In Good Company. Norges Bank Investment Management. https://x.com/nicolaitangen/status/1777329528094138760

Musk, E.(2024.4.8). X Spaces interview, Apr. 8, 2024; reported by Reuters.

Musk, E.(2025.7.10). XAI Grok 4 출시 라이브스트림 발언.

Musk, E.(2025.10.18). Musk, E. [@elonmusk]. "Grok 5 will be AGI or something indistinguishable from AGI" [Post]. X.

Pillay, T.(2025.1.8). "How OpenAI's Sam Altman Is Thinking About AGI and Superintelligence in 2025." Time. https://time.com/7205596/sam-altman-superintelligence-agi/

Rothman, J.(2023.11.13). "Why the Godfather of A.I. Fears What He's Built," *The New Yorker*, November 13, 2023.

01
커즈와일의 가속주의와 하라리의 감속주의

초지능은 "모든 관심 영역에서 인간의 인지 능력을 상회하는 지능"으로 고도의 효율성과 지능을 갖춘 인공지능을 의미한다. 레이 커즈와일은 특이점이라는 용어를 유행시키며 초지능 시대를 예고했다. 그가 특이점 시대에 대한 낙관적 전망을 제시한 대표 작가라면, 유발 하라리는 특이점 시대의 위험성과 이에 대한 대비의 필요성을 역설한 대표 작가다. 이 장에서는 특이점 시대에 대한 두 작가의 입장을 가속주의와 감속주의로 명명하면서, 특이점 시대에 대한 이들의 분석과 전망을 소개한다.

기후 위기와 인공지능?

초지능은 "모든 관심 영역에서 인간의 인지 능력을 상회하는 지능"(닉 보스트롬, 2017)이다. 커즈와일과 유발 하라리는 초지능에 대한 대중적 담론에서 빼놓을 수 없는 인물들이다. 레이 커즈와일(Ray Kurzweil)은 20여 년 전 자신의 저서 《특이점이 온다》를 통해 초지능 시대를 예고함으로써 초지능 담론의 선두 주자 역할을 했고, 유발 하라리(Yuval Harari)는 《호모 데우스》, 《넥서스》 같은 빅히스토리 저서를 출간함으로써 현재의 초지능 담론을 선도하고 있기 때문이다. 이 장에서는 이들이 자신의 저서에서 주장하는 초지능 담론을 각각 가속주의와 감속주의라는 틀에 따라 소개하고 간략히 논평할 것이다.

커즈와일의 가속주의

《특이점이 온다(The Singularity is Near)》라는 제목이 시사하듯이, 이 책에서 커즈와일은 SF 차원에서만 언급되던 인공 초지능, 즉 인간의 능력을 뛰어넘는 인공지능의 가능성과 그 파급 효과, 그리고 이에 따른 인간관과 세계관의 급진적인 변화에 대해 상세히 논의하고 있다. 커즈와일의 논의는 대단히 방대하지만 이 장의 논의 주제와 관련해 그의 논지를 가속주의라는 관점에서 다음처럼 간략하게 정리할 수 있다.

커즈와일의 첫 번째 핵심 논제는 인간 지능이 비생물학적 지능과 융합하여 수조 배 확장되는 특이점의 순간이 2045년 정도에 도래하리라는 것이다(레이 커즈와일, 2025: 180, 197). 이 주장이 시사하듯이, '특이점'(singularity)이란 인간 지능과 인공지능과 같은 기계 지능이 '융합하여' 지능이 비약적으로 확장되는 순간을 말한다. 커즈와일은 이런 특이점의 순간이 도래하기 위해서는 뇌 전체를 모델링하고 시뮬레이션하기에 충분한 자료가 수집되고 뇌 모방에 충분한 연산 능력과 메모리가 확보되어야 할 뿐만 아니라 뇌 안쪽과 모세혈관에 주입되어 고해상도로 신경 활동을 관찰할 수 있는 나노봇이 개발되어야 한다고 주장한다(레이 커즈와일, 2025: 4장). 커즈와일은 이런 기술적 조건들이 충족될 때 뇌 전체를 구조적으로나 기능적으로 충분히 재현할 수 있는 에뮬레이션 작업이 성공적으로 수행될 수 있다고 본다. 하지만 이런 전 뇌 에뮬레이션 작업은 초지능으로 가기 위한 출발점에 불과하다. 이렇게 디지털 환경에서 에뮬레이션된 뇌는 기억 용량이나 처리 속도 면에서 기존의 생물학적 제약을 벗어나는 계산 자원의 무제한적인 확장을 겪는다. 이어서 이렇게 '업그레이드된' 디지털 뇌는 자신의 인지 구조를 스스로 수정하는 반복적인 작업을 통해 놀

라운 자기 개선 능력을 발휘하고, 결국 모든 면에서 인간의 인지 수준을 넘어서는 초지능의 단계에 들어서게 된다. 커즈와일에 따르면, 특이점의 순간은 디지털화된 뇌가 이와 같은 반복적 자기 개선 과정을 통해 모든 면에서 인간의 지능을 넘어서는 순간을 말한다.

커즈와일의 두 번째 핵심 논제는 이런 특이점이 도래하는 조건과 관련된다. 커즈와일은 이와 같은 특이점의 순간이 오기까지 모든 주요 기술이 수확 가속의 법칙을 따른다고 주장한다(레이 커즈와일, 2025: 17~18). 수확 가속의 법칙(law of accelerating returns)은 시간이 지나면서 "기술의 힘이 기하급수적으로 확대"(레이 커즈와일, 2025: 42)될 뿐만 아니라 "그 산물 또한 기하급수적으로 증가하는"(레이 커즈와일, 2025: 77) 현상을 나타내는 법칙이다. 커즈와일은 반도체칩의 집적 밀도가 약 2년 주기마다 두 배가 된다는 무어의 법칙을 전형적인 사례로 제시한다. 커즈와일에게 이런 수확 가속의 법칙은 단순히 시간에 따른 기술의 비약적인 발전을 보여 주는 역할을 하는 데 그치지 않고 미래의 기술 발전을 예측하게 하는 지표 역할을 하기도 한다. 커즈와일은 기술의 진화가 이런 수확 가속의 법칙을 따르기 때문에 인간이 생물학적 진화의 한계를 극복하고 인간 이후의 인간, 즉 포스트-휴먼으로 진화할 수 있다고 보기 때문이다. 그의 저서 《특이점이 온다》의 부제가 "인간이 생물학을 넘어설 때"인 것도 이런 맥락과 무관하지 않다. 커즈와일의 이론을 가속주의라고 명명한 것은 이처럼 그가 기술의 진화가 수확 가속의 법칙에 따라 급속하게 이루어진다고 볼 뿐만 아니라 이런 특이점에 도달하는 것을 목표로 설정하고 있기 때문이다.

커즈와일의 세 번째 핵심 논제는 이와 같은 수확 가속 법칙을 따르는 기술 발전의 결과 도래하게 될 특이점의 효과와 관련된 것이다. 커즈와일은 특이점을 "미래에 기술 변화의 속도가 매우 빨라지고 그 영향이 매우 깊어서 인간의 생활이 되돌릴 수 없도록 변화되는 시기"(레이 커즈와일, 2025: 41)로 정의하기도 한다. 이는 특이점 이후의 시기가 그 범위와 깊이 면에서 인간의 삶에 지대한 영향을 끼치는 시기임을 말한다. 커즈와일은 특히 특이점을 이해하고 나면 인생관이나 죽음에 대한 관점이 근본적으로 달라질 것이라 말하는데, 이렇게 특이점에 대한 성찰을 통해 인생관이나 생사관이 바뀐 사람을 특이점주의자(singularist)로 명명한다. 그래서 특이점주의자는 이를 테면 노화와 질병을 겪는 인간의 생물학적 신체를 불가피한 숙명으로 받아들이는 사람이 아니라 과학기술의 발전을 통해 이런 요인들을 극복하려는 사람이다. 커즈와일이 인간 두뇌의 에뮬레이션과 디지털 환경에서의 인지 능력의 개선을 말하는 것도 바로 이런 생물학적 한계의 극복과 관련된 주장으로 볼 수 있다.

커즈와일은 이와 같은 일련의 주장을 통해 '특이점'이라는 용어를 전 세계에 유행시키며 전 세계인의 관심을 끌었다. 다음 장에서 보겠지만, 특히 생성형 인공지능 기술의 비약적인 발전과 함께 '특이점'은 인공지능 테크 기업들의 희망 내지 목표를 상징하는 이름이 되었다. 그러나 커즈와일의 주장은 다음과 같은 이유로 명백한 한계를 드러낸다. 먼저 특이점의 주인공이라고 할 수 있는 '지능이 비약적으로 확장된 그 초지능체'의 정체가 과연 무엇인가라는 문제를 제기할 수 있다. 앞서 언급한 것처럼 커즈와일은 최초의 초지능체가 디지털 환경에서 에뮬레이션 된 뇌의 반복적인 자기 개선을 통해 탄생할 것이라 주장하며, 이런 초지능체는 "인간 지능과 비생물학적 지능이 융합"된 것이라 주장한다. 다시 말해 커즈와일에 따르면 최초의 초지능체는 인간과 비인간 기계가 융합된 존재라고 할 수 있다. 그러나 이런 존재가 어떤 의미에서 '인간적'이라고 말할 수 있는지는 분명치 않다. 이런 존재는 신체도, 감정도, 느낌도, 자의식도 없는 정보의 패턴처럼 보이기 때문이다.

최초의 초지능체의 본성과 그 존재론적인 지위가 무엇인가라는 문제는 특이점주의의 타당성이라는 또 다른 문제로 이어진다. 인간이 생물학적 한계를 넘어서고 심지어 죽음을 극복할 수 있다는 커즈와일의 주장은 인간 뇌의 복사본인 에뮬레이션이 원래의 인간 뇌와 동일한 것이며 디지털 환경을 옮겨 다니더라도 그 동일성을 유지할 수 있다는 믿음에 기반한 것이다. 그러나 이런 기대는 현재 과학기술의 수준에서는 지지될 수 없는 형이상학적인 믿음에 가깝다. 따라서 특이점 시대에 대한 그의 장밋빛 전망의 상당 부분은 과학적 예측이라기보다는 기술 유토피아적인 희망 사항에 가깝다고 할 수 있다.

유발 하라리의 감속주의

유발 하라리는 인공지능이 건강을 향상시키고 교육을 개선하며 더 나은 세계를 창조할 것이라는 낙관론 일변도의 입장을 경계한다는 점에서 커즈와일의 특이점주의와 명확한 차이를 보인다(Harari, 2025). 그러나 동시에 그는 인공지능이 모든 것을 파괴할 것이라는 공포를 조장하는 종말론적인 입장과도 거리를 둔다. 하라리는 이처럼 극단적인 두 입장에 대해 거리를 두면서도 초지능과 같이 고도의 효율성과 커다란 파급 효과가 예상되는 인공지능의 위험성을 무시하는 것은 합리적이지 않다고 진단한다. 그의 입장을 감속주의로 명명한 것은 인류가 신뢰할 만한 이해 수준과 통제 수준을 아직 갖고 있지 못한 상황에서 인공지능을 개발하기 위해 여러 나라가 과열된 경쟁을 벌이는 현실을 지적하며 안전 메커니즘을 구축할 때까지 속도를 늦출 것을 주장하기 때문이다 (Harari, 2025).

물론 하라리는 인공지능이 마치 언젠가 터질 시한폭탄처럼 인류에게 그 위험성을 숨긴 백해무익한 살인 무기라고 보지는 않으며, 오히려 세계사에서 전례를 찾아보기 힘든 혁신적인 과학기술이라는 점을 분명히 한다. 인쇄기와 라디오는 인간이 조작해야 하는 수동적인 도구인 반면, "컴퓨터는 이미 인간의 통제와 이해를 벗어나 사회, 문화, 역사를 주도적으로 만들어 갈 수 있다"(유발 하라리, 2024: 286)는 하라리의 주장은 이런 인식을 잘 보여 준다. 더욱이 하라리는 컴퓨터가 등장하면서 네트워크의 성격이 완전히 바뀌었다는 점에 주목한다. 교회나 국가 같은 네트워크 형태에서는 구성원이 인간이었고, 모든 네트워크는 인간을 거쳐야 했으며, 기술은 인간을 연결하는 역할만 했다. 반면 "컴퓨터 기반 네트워크에서는 컴퓨터 자체가 구성원이고, 인간을 거치지 않은 컴퓨터와 컴퓨터의 연결로만 이루어진 사슬이 존재한다”(유발 하라리, 2024: 301). 그러나 이렇게 컴퓨터로만 연결된 네트워크가 새롭게 등장하게 되고 이것이 그 자체의 의사 결정을 하면서 다음과 같은 두 차원의 새로운 문제가 대두하게 되었다고 하라리는 진단한다.

첫 번째로 하라리는 개인과 컴퓨터 간의 네트워크에서 새로운 실재가 창출되고 있고, 점점 그런 실재의 창출에서 컴퓨터가 주도권을 행사하고 있다는 점에 주목한다. 하라리가 예로 든 페이스북 알고리즘에 의한 반로힝야족 폭력 사태는 개인과 컴퓨터 간 네트워크를 통해 창출된 새로운 실재가 어떻게 증오와 폭력을 확산시킬 수 있는지 잘 보여 준다. 페이스북에 소수 민족인 로힝야족에 대한 혐오와 폭력을 선동하는 메시지들이 일부 극단주의자에 의해 만들어졌고, 이런 글들을 페이스북이 알고리즘을 통해 사람들에게 추천하면서 폭력과 혐오는 순식간에 확산되었다. 이런 사례는 개인과 컴퓨터 간의 네트워크에서 생겨난 잘못된 정보가 알고리즘을 통해 얼마나 빠르고 쉽게 확산되고 이를 통해 증오와 혐오가 전파될 수 있는지를 보여 준다.

하라리는 또한 이렇게 개인과 컴퓨터 사이에서 창출

된 상호주관적인 실재가 엄청난 파급력과 영향을 끼치면서 민주주의를 위협할 수 있다는 사실에 주목한다. 가령, 컴퓨터를 통한 새로운 네트워크는 국민의 일거수일투족을 수집해 국민의 말과 행동뿐 아니라 생각과 감정까지 통제할 수 있다고 그는 경고한다. 또 AI나 로봇의 발전에 의한 자동화는 면접과 판결 같은 중요한 의사 결정까지도 인공지능에 맡기는 것을 가능하게 할 수도 있지만, 이로 인한 피해에 대해 누가 책임을 져야 하는가 하는 문제에 대해서는 여전히 명쾌한 답이 나오지 않았음을 지적한다.

하라리의 정보 혁명의 특징과 그 영향력에 대한 분석은 앞으로 다가올 초지능 사회에서 신뢰의 문제가 중요한 문제로 대두되리라는 통찰을 보여 준다. 아직 여러 면에서 안전성을 신뢰할 수 없는 초지능을 개발하기 위해 여러 나라의 기업들이 필사적으로 경쟁하는 상황의 위험성을 잘 지적하고 있기 때문이다. 그러나 그의 논의는 초지능보다는 컴퓨터나 정보 혁명이라는 큰 틀에 맞춰져 있기 때문에 초지능에 더 초점을 맞추어 그의 논의를 구체화할 필요가 있다.

참고문헌

닉 보스트롬(2017). 《슈퍼인텔리전스》. 조성진 옮김. 까치.

레이 커즈와일(2025). 《특이점이 온다》. 김명남·장시형 옮김. 김영사.

유발 하라리(2024). 《넥서스》. 김명주 옮김. 김영사.

Harari, Y. N.(2025.4.1). 'How Do We Share the Planet With This New Superintelligence?'. Wired.

02

머스크의 장기주의와 올트먼의 부드러운 특이점

커즈와일이 던진 '특이점'이라는 화두는 오늘날 머스크와 올트먼 같은 테크기업 CEO들에 의해 현실화되고 있다. 이 장에서는 일론 머스크와 샘 올트먼이 커즈와일의 특이점 담론을 어떤 방식으로 수용, 변형하는지 살펴보고 이들의 초지능 담론을 장기주의와 약한 특이점주의와 관련시켜 소개할 것이다.

노래하는 AI 보컬?

특이점 시대가 도래할 것이라는 커즈와일의 예언은 일론 머스크, 샘 올트먼과 같은 빅테크 기업의 CEO들에 의해 점점 현실화가 되고 있다. 특히 이들이 2025년 들어 특이점 시대의 임박한 도래를 선언하고, 이런 시대의 도래가 초지능의 출현과 연관될 것이라 공통적으로 주장한다는 점에서 이들은 이론적 차원에 머물렀던 커즈와일의 주장을 현실의 궤도에 올려놓았다고 할 수 있다. 그러나 자세히 보면 이들은 커즈와일이나 유발 하라리와 마찬가지로 초지능과 일반 인공지능 개념에 대한 다소 모호한 규정에 기반해 그 가능성과 효과 및 규제 방안과 관련해 미묘한 입장의 변화를 보여 주고 있다. 먼저 머스크의 특이점 시대에 대한 다소 비관적인 전망과 그 밑바탕에 깔려 있는 장기주의적인 관점을 보자.

특이점 시대에 대한 머스크의 종말론적 전망과 장기주의적 대응

일론 머스크는 현재 인공지능 개발 기업 엑스AI, 우주개발 기업 스페이스X, 뇌-컴퓨터 인터페이스 기술 개발 기업 뉴럴링크사의 CEO다. 얼핏 연관이 없어 보이는 이런 기업들을 하나로 묶어 이해할 수 있게 하는 키워드가 장기주의(longtermism)다.

장기주의는 "장기적인 미래에 긍정적인 영향을 끼치는 것이 우리 시대에 핵심적인 도덕적 우선순위를 가진다"(MacAskill, 2022)는 입장으로 세 개의 핵심 논제로부터 따라 나온다. 첫 번째 논제는 미래의 사람들이 중요하다는 것이다. 이는 "인류의 장기적인 미래가 거대할 수 있다"는 두 번째 논제에 근거한 것이다. 다른 조건이 같다면 최소한 약 60억 년 후에 일어날 것으로 예상되는 태양 중심부의 수소 핵융합으로 태양이 급격히 팽창하면 지구가 현 상태를 유지하기 힘들 것이기 때문에 앞으로 지구에 사는 인류는 약 60억 년의 수명을 갖고 있는 셈이다. 이렇게 인류가 앞으로 살날이 많이 남았고, 이런 인류의 미래의 삶의 질을 향상시키기 위해 현재의 인류가 신뢰할 만하고 유의미한 일들을 할 수 있으며 해야 한다는 것이 장기주의자가 주장하는 세 번째 논제다. 요컨대 장기주의자는 인류의 미래의 삶이 중요하고 이를 향상시키기 위해 현재의 인류가 긍정적인 영향을 끼치는 일을 우선적으로 해야 한다고 보는 사상이다. 장기주의자는 이런 핵심 논제에 기반해 인류의 미래를 전망하는 과정에서 미래 인류의 가능성 자체를 원천적으로 박탈할 수 있는 인류 멸종의 위험 요인들을 분석하고, 이런 요인들을 인류의 존재적 위험이라 부르면서 적극적으로 이를 예방할 것을 주장한다.

머스크는 명시적으로 장기주의와 같은 표현을 사용하지는 않지만 여러 발언과 행보를 통해 장기주의에 대한 지지를 표명한 바 있다. 머스크는 자신의 트위터에서 장기주의 철학의 대표적 이론가 중 하나인 윌리엄 맥어스킬의 저서인《우리가 미래에 빚진 것(What We Owe the Future)》에 대해 언급하면서 "이 책은 내 철학과 매우 일치한다"고 발언했을 뿐만 아니라 2015년에는 장기주의적인 관점에서 인류의 존재적 위험을 연구하는 옥스퍼드대학교 미래인류연구소(Future of Humanity Institute)에 약 100만 달러를 기부하기도 했다. 그러나 머스크가 장기주의를 지지한다고 볼 수 있는 근거는 이런 단편적인 행보보다는 인류의 존재적 위험과 그런 위험 요인에 대한 예방을 강조하는 그의 최근의 발언들 속에서 찾을 수 있다.

먼저 인류의 존재적 위험과 관련하여, 머스크는 고도 기술로부터 야기될 수 있는 위협에 주목하는데, 이 중 가장 중요한 위험 요인 중 하나로 그가 지목한 것이 인공지능의 위험성이다. 특히 머스크는 컴퓨터가 몇 년 안에 인간보다 모든 면에서 더 똑똑해지는 특이점의 시대가 늦어도 2026년에는 올 것이라 예측하면서, 이로 인해 인류가 멸망할 위험이 있기 때문에 이에 대비해야 한다고 역설한다(Altchek, 2025.3.1). 이런 머스크의 주장은 인류의 미래를 위협할 수 있는 존재적 위험에 주목하고 이를 예방할 것을 요구하는 장기주의에 충실한 주장이라 할 수 있다.

머스크는 초지능으로 인한 이 존재적 위험에 인류가 공동으로 대처해야 한다고 주장한다는 점에서도 장기주의적인 관점과의 공명을 보여 준다. 머스크가 2023년 전문가들에 의해 공동의 안전 협약이 개발되고 시행될 때까지 최첨단 AI 개발을 6개월간 중단할 것을 요구하는 공개서한에 서명한 것도 장기주의적인 신념에 대한 그의 지지를 보여 준다고 할 수 있다(진혜숙, 2023.3.30). 하지만 머스크는 인간과 초지능의 관계에서 양자의 평화로운 공존보다는 갈등과 적대의 가능성에 더 주목한다는 점에서 다른 장기주의자들과 차이를 보인다. 머스크의 뉴럴링크사는 뇌와 컴퓨터의 정보를 양방향으로 이동시킬 수 있는 뇌-컴퓨터 인터페이스 기술에 박차를 가하고 있는데, 그는 이런 기술이 궁극적으로는 초지능과의 경쟁에서 인간이 지배당하는 것을 피하기 위한 해법이라고 주장한다(Brown, 2019). 다시 말해 뉴럴링크사의 뇌-컴퓨터 인터페이스 기술은 단순히 재활의료 목적의 기술이 아니라 생물학적 두뇌의 한계를 디지털 지능의 도움을 빌려 극복하려는 포스트휴머니즘의 기획의 일환으로 볼 수 있다.

마지막으로, 머스크는 미래 인류의 복지와 이익을 매우 중시한다는 점에서도 장기주의와 높은 일치율을 보여 준다. 하지만 장기주의자들이 "미래의 사람들이 중요하다"고 주장할 때 이는 단순히 '미래 세대의 복지를 중시하자'거나 '장기적인 인류의 미래를 걱정하자는 것' 이상의 의미를 담고 있다는 점에 주의할 필요가 있다. 앞서 언급한 것처럼, 장기주의의 핵심 주장은 인류의 미래의 삶이 중요하고, 이를 향상시키기 위해 현재의 인류가 긍정적인 영향을 끼치는 일을 우선적으로 해야 한다는 것이다. 이런 입장은 미래의 인류 전체를 마치 하나의 잠재력을 가진 개체처럼 취급하고 이러한 인류의 잠재력 실현을 모든 가치 위에 두어야 한다는 입장으로 이어진다. 머스크의 화성 개발 계획은 초지능의 출현이나 태양의 팽창과 같은 존재적 위험에 맞서 인류가 살아남기 위한 생존 전략의 일환이라고 할 수 있다(Musk, 2017).

하지만 머스크가 초지능이 인류를 멸종으로 이끌 것이라는 비관적 입장을 일관되게 견지하고 있는 것은 아니다. 2025년 들어 머스크는 인류가 디지털 초지능에 매우 가까운 '지능의 빅뱅' 초기 단계에 있다고 주장하면서도 이전보다 존재적 위험의 확률을 낮게 잡으며 초지능의 효과에 대해 양면적인 입장을 취하고 있기 때문이다. 하지만 이러한 미묘한 입장 변화에도 불구하고 머스크가 초지능을 인류가 맞닥뜨리게 될 중요한 존재적 위험 요인 중 하나로 보고 미래의 인류를 위해 이에 우선적으로 대처하는 것을 일차적인 과제로 설정하고 있다는 점에서 장기주의 노선을 따르고 있다고 평가할 수 있다.

샘 올트먼의 '부드러운 특이점'과 초지능

오픈AI사의 CEO인 샘 올트먼 역시 최근 초지능의 임박한 출현을 예고하고 이에 대한 대처의 필요성을 역설하고 있다. 심지어 샘 올트먼은 "일반 인공지능은 현재 하드웨어로도 실현 가능하"며 "우리는 이미 사건의 지평선을 넘어섰다"(Altman, 2025.6.11)고 주장하며 머스크보다 초지능의 출현 시점에 인류가 더 가까이 다가가 있다는 판단을 내리고 있다. 하지만 올트먼은 인공지능의 이런 급속한 개발 속도에 비해 "통제 구조가 이를 따라가지 못하고 있다"고 평가하며, 얼마 전 개발된 "챗-GPT5가 진짜로 나를 두렵게 한다"는 발언을 하기도 했다.

그러나 올트먼의 다소 '공포스러워' 보이는 발언과는 다르게 초지능에 대한 대처 방법과 관련한 그의 입장은 시간이 지나면서 미묘한 변화를 보이고 있다. 특히 2023년 이후 초지능과 관련한 그의 일련의 주요 발언들을 통해 이런 입장의 변화가 감지될 수 있다. 가령, 올트먼은 2023년 5월 "초지능 거버넌스"라는 글을 공개하면서, 향후 10년 내에 AI가 전문가 수준을 넘어설 수 있으며, 이것이 핵무기나 합성생물학이 야기하는 것과 같은 존재적 위험을 동반할 수 있다고 경고했다. 같은 달 올트먼은 이런 문제를 예방하기 위해 국제원자력기구와 유사한 글로벌 AI 감독기관이 필요하다고 주장하며 단일 국가 차원을 넘어서는 국제적인 공조의 필요성을 역설하기도 했다. 하지만 2025년 올트먼은 국회 청문회에서 "강력한 인공지능을 출시하기 위해 정부 승인을 요구하는 것은 미국의 기술 주도권에 '재앙적'일 것"이라고 주장하며 규제 완화를 주장하는 입장으로 전환한다. 이런 입장 변화의 원인과 관련해서는 다양한 분석이 있지만 트럼프 행정부의 출범과 규제 완화 기조, 미중 AI 경쟁 심화와 같은 요인들이 이러한 입장 변화의 원인이라는 것이 중론이다(Levy, 2025.5.30).

이러한 입장의 변화에도 불구하고 올트먼은 초지능이 인류에게 닥칠 중요한 존재적 위험 중 하나라는 인식이나 이런 위험에 대한 적극적인 대처가 필요하다는 발상을 변함없이 갖고 있다. 특히 그는 이 문제를 해결하기 위한 국제적인 공조가 필요하며, 이를 위한 국제적인 기구의 설립이 필요하다고 주장한다는 점에서 머스크보다 더 적극적이고 강력한 대응을 주문하고 있다.

이런 올트먼의 행보는 '부드러운 특이점'이라는 그의 표현과 관련해 이해될 수 있다. 앞 장에서 본 것처럼, 커즈와일에게 '특이점'은 인공지능 같은 과학기술의 급속한 발전에 힘입어 인간과 기계가 융합되는 시대를 알리는 변곡점이 되는 순간을 가리키는 말이다. 우리는 커즈와일이 이 시기 이후 급격한 사회 경제적 변화뿐만 아니라 가치관의 변화가 이루어질 것이라 전망한다는 점을 앞 장에서 확인할 수 있었다. 이런 맥락에서 올트먼의 '부드러운 특이점'이라는 표현은 고효율과 고영향력의 인공지능 개발에 의한 급격한 사회 문화적 충격을 최소화하기 위해 속도 조절이 필요함을 시사하는 것으로 해석할 수 있을 것이다. 이런 맥락에서 올트먼은 커즈와일의 가속주의에 대한 일종의 속도 조절론인 약한 특이점주의를 옹호하고 있다고 볼 수 있다.

이후 논의에서는 이와 같은 대중적인 초지능 담론들이 우려하는 '존재적 위험'이 과연 무엇인지 고찰할 것이다. 이를 위해 먼저 다소 혼란스럽게 사용되는 일반 인공지능, 초지능, 강한 인공지능과 같은 용어들의 의미를 좀 더 명료화해 보자.

참고문헌

진혜숙(2023.3.30). "'AI 개발 6개월 멈춰야'…머스크, 공개서한 서명한 이유는", 연합뉴스.

Altchek, A.(2025.3.1). "Elon Musk says there's 'only a 20% chance of annihilation' with AI" Business Insider. https://www.businessinsider.com/elon-musk-only-chance-of-annihilation-with-ai-2025-2

Altman, S.(2025.6.11). "The Gentle Singularity", OpenAI Blog.

Brown, M.(2019). Elon Musk says Neuralink could bring AI 'Superintelligence' to the Brain. INVERSE.

Levy, S.(2025.5.30). How the Loudest Voices in AI went from 'Regulate Us' to 'Unleash Us'. Wired.

MacAskill, W.(2022). What is longtermism?. BBC.

Musk, E.(2017). SpaceX press event, 2017.

03
일반 인공지능, 강한 인공지능, 인공 초지능

'일반 인공지능'은 '인간 지능의 모든 측면을 모의할 수 있는 인공지능'을 의미하고, '강한 인공지능'은 '인간처럼 이해하고 여타의 인지 상태들을 가질 수 있는 인공지능'을 의미한다. '인공 초지능'은 '모든 관심 영역에서 인간의 인지 능력을 상회하는 지능'을 의미한다. 이 장에서는 흔히 혼란스럽게 사용되는 이 세 개념의 의미를 정의하고, 이 세 개념들 간의 관계에 대해 논의함으로써 본격적인 초지능의 가능성과 그 위험성에 대한 논의를 대비할 것이다.

인공지능과 편향?

앞선 두 장의 논의를 통해 커즈와일이나 유발 하라리 같은 작가는 물론이고 샘 올트먼이나 일론 머스크와 같은 테크 기업가들이 비록 약간의 표현상의 차이는 있지만, 초지능의 출현과 함께 이제까지와는 전혀 다른 새로운 시대가 도래할 것이라 예측하고 있으며, 이들이 이런 주장을 하는 과정에서 초지능, 강한 인공지능, 일반 인공지능 같은 개념들을 다소 혼란스럽게 사용하고 있다는 사실 역시 확인할 수 있었다. 이 장에서는 이런 혼란을 최소화하고 이후의 논의를 좀 더 명확하게 전개하기 위해 이런 개념들의 의미와 이들 간의 관계를 명료화하려고 한다.

먼저 강한 인공지능과 약한 인공지능의 구분은 존 설(John Rogers Searle)이 중국어방 사유 실험을 통해 튜링 테스트를 통과한 컴퓨터라고 하더라도 인간과 같은 의미로 사고하거나 마음을 가진다고 말할 수 없음을 보여주려고 할 때 도입한 구분이다. 이에 따르면 '강한 인공지능'은 적절한 프로그램을 갖추어 문자 그대로 인간처럼 "이해하고 여타의 인지 상태들을 가질 수 있"는 인공지능'을 의미하며, 그렇기에 인공지능을 통해 인간의 인지를 설명할 수 있다고 보는 입장을 말한다(Searle, 1980). 이에 반해 약한 인공지능은 컴퓨터와 같은 인공물이 인간의 마음을 모의할 수 있기 때문에 마음을 연구하는 데 유용하게 사용될 수 있다고 보는 주장을 말한다. 강한 인공지능과 약한 지능의 이와 같은 구분과 관련해 다음과 같은 세 가지 점에 주목할 필요가 있다.

먼저 인공지능의 '강함'과 '약함'은 인간의 사고나 마음을 얼마나 넓은 범위에서 컴퓨터가 정확히 모의할 수 있는지에 따라 결정된다고 말할 수 있으며, 따라서 여기서 인공지능의 강함과 약함은 철저히 인간 지능을 얼마나 잘 흉내 내는지에 따라 규정되고 평가된다고 말할 수 있다.

둘째로, 이렇게 인공지능의 약함과 강함이 인간 지능을 얼마나 잘 흉내 내는가와 관련해 규정되기 때문에 인간의 지능은 여타 다른 인공물의 지능 여부를 평가하는 표준이나 척도가 된다고 말할 수 있다. 이는 강한 인공지능과 약한 인공지능의 구분이 튜링 테스트에 대한 반론의 맥락에서 등장한 것이라는 배경과 무관하지 않다. 잘 알려진 것처럼 튜링 테스트는 "컴퓨터와 같은 인공물이 지능을 가진다고 말할 수 있는가?"라는 질문에 답하기 위해 고안된 것이다(앨런 튜링, 2019). 그러나 이런 물음에 답하기 위해 튜링은 지능이란 무엇인가와 같은 본질적 질문을 던지면서 컴퓨터가 지능의 보편적인 정의를 만족시키는지를 판단하는 식으로 이 문제에 접근하지 않았다. 지금도 그렇지만 튜링이 살던 당시에도 다양한 관점에 입각한 여러 지능 이론과 지능에 대한 정의가 공존하고 있었으며, 이런 여러 정의 중 모든 이가 수용할 만한 만족스런 정의는 존재하지 않았다. 그러나 지능이 무엇인지 정확히 모르면서 특정한 후보자가 지능을 갖고 있는지를 검사해야 하는 이와 같은 상황에서 튜링은 실용주의적인 접근을 통해 문제를 해결하려고 했다. 즉, 누구나 인정할 수 있는 사고, 추론, 의사소통 능력과 같은 인간 지능의 요소들을 인공물과 같은 특정 대상으로 확장할 수 있는지를 판단하는 방식으로 검사를 설계한 것이다. 요컨대 강한 인공지능과 약한 인공지능의 구분에서 인간의 지능이 지능의 표준 또는 척도로 등장한 것은 지능의 본질에 대한 일반적 정의가 부재한 상황에서 인간의 일부 지적 활동을 준거로 인공물의 지능 소유 여부를 판단하려는 실용적 접근의 결과였다고 말할 수 있다.

셋째로, 강한 인공지능과 약한 인공지능의 구분 기저에 있는 지능 개념은 철저히 인지적 영역 또는 인지적 작업만을 포함한 것이다. 이 역시 튜링 테스트를 고안한 튜링의 사상이 어느 정도 반영된 것으로 볼 수 있다. 앞서 언급했듯이, 튜링은 지능의 본질이 무엇인가와 같은 논쟁적인 주제에 연루되지 않으면서 인공물의 지능 소유 여부를 판단해야 하는 상황에 직면했고, 이런 상황에서 자기 성찰 능력이나 예의범절처럼 인간에게 고유해 보이는 요인들을 지능에서 제거하고, 추상적인 인지 능력 중심으로 지능 여부를 판단하는 방법을 제시했다. 이처럼 강한 인공지능과 약한 인공지능의 구분 밑바탕에는 인간중심적인 지능 개념을 약화시키는 추상적인 인지 능력 중심의 지능 개념이 자리 잡고 있다고 할 수 있다.

인공지능과 관련해 자주 언급되는 또 다른 중요한 구분은 일반 인공지능과 특수 인공지능의 구분이다. 이는 인공지능이 인간 지능의 모든 측면을 포괄하는지 여부와 관련된 것이다. 구체적으로, 인공지능이 인간 지능의 모든 측면을 모의할 수 있다면, 그런 인공지능은 일반 인공지능이라고 부를 수 있는 반면, 어떤 인공지능이 인간 지능의 일부 측면만을 모의할 수 있다면 그것은 특수 인공지능 또는 인공 특수 지능이라고 말할 수 있다. 그런데 인간 지능의 모든 측면을 포괄하는 인공지능은 대개 인간의 다양한 사고와 인지 상태들을 흉내 낼 수 있을 것이므로, 일반 인공지능은 강한 인공지능과 대략적으로 일치한다고 할 수 있고, 인간 지능의 일부만을 포괄하는 인공지능은 인간의 일부 인지 상태만을 흉내 낼 수 있을 것이므로 특수 인공지능은 약한 인공지능과 거의 일치한다고 할 수 있다. 그러므로 강한 인공지능은 일반 인공지능과 대동소이하다고 할 수 있고, 약한 인공지능은 특수 인공지능과 대략적으로 일치한다고 말할 수 있다.

그러나 이처럼 일반 인공지능과 특수 인공지능의 개념쌍이 강한 인공지능과 약한 인공지능의 개념쌍과 상당히 많은 특성을 공유하는 까닭에, 후자의 개념쌍이 함축하는 지능 개념의 한계를 전자 역시 일부 공유한다고 할 수 있다. 먼저, 일반 인공지능과 특수 인공지능 모두는 강한 인공지능과 약한 인공지능의 개념쌍과 마찬가지로 대개 '인지적 작업'만을 포함한다고 할 수 있다. 특히 인공지능에 대한 상당한 낙관적 기대를 갖고 있었던 초기 일반 인공지능 지지자들에게서 이런 경향은 두드러지게 나타났다. 가령, 대표적인 인공지능 이론가 중 하나인 마빈 민스키는 "3년에서 8년 이내에 평균적인 인간과 같은 일반 지능을 갖춘 기계가 등장할 것"이며 이런 기계가 "셰익스피어를 읽을 수 있고, 차를 정비할 수 있으며, 사무실 정치에 참여할 수 있"을 것이라 전망했다 (Minsky, 1970). 마빈 민스키의 이런 주장은 얼핏 보면 '일반 지능' 안에 순수한 인지 능력뿐만 아니라 신체 능력까지 포함한 것으로 보일 수 있지만 실상은 그렇지 않다. 민스키는 '지능'을 "어려운 문제를 해결하는 능력"(마빈 민스키, 2019: 118~119)으로 규정하는 자신의 지능 개념의 정의에 대해 제기될 법한 반론을 다루는 과정에서 다시 한번 인지적 작업으로서의 지능 개념으로 되돌아가고 있기 때문이다. 구체적으로 말하자면, 민스키는 피라미드라는 건축물을 보고 우리가 그것을 만든 사람들의 지능을 말할 수 있는 것처럼, 작은 산호초 동물들이 만든 산호초 구조물을 보고 산호초를 만든 그 동물들을 지능적이라고 부를 수 있지 않는가 하는 물음에 대해 부정적으로 답한다. 산호초 구조를 만든 동물들은 그러한 문제를 "스스로 '해결하지' 않으며, 다만 유전적으로 조성된 복잡한 두뇌 속에 마련된 유용한 절차들을 활용할 뿐이"기 때문이다. 다시 말해 민스키는 동물의 본능적인 행동의 결과에 대해서는 그것이 지능적이라는 것을 거부하는 반면, 문제들을 스스로 생각해 내고 이에 기반해 스스로 해결한 결과에 대해서만 지능적이라고 부를 수 있다고 주장한다. 이를 통해 우리는 민스키가 인지적 작업과 직간접적으로 연관된 결과만을 지능과 관련시키고 있음을 알 수 있다.

이런 민스키의 발상은 최근의 인공지능 연구자들과

공학자들에게도 이어지고 있는 것처럼 보인다. 딥마인드사의 공동 창업자인 데미스 허사비스는 '일반 인공지능'을 "인간이 할 수 있는 거의 모든 인지적 작업을 수행할 수 있는 시스템"(Hassabis, 2025)으로 정의하고 있고, 오픈AI사는 "가장 경제적으로 가치 있는 대부분의 작업에서 인간을 능가하는 고도로 자율적인 시스템"으로 정의하고 있기 때문이다. 오픈AI사의 일반 인공지능의 정의에서 '대부분의 작업'은 비인지적 작업을 제외한 인지적 작업을 의미한다고 볼 수 있다. 일반 인공지능에 대한 최근의 정의는 이것을 인지적 과제의 해결뿐만 아니라 보상이나 목표를 최적화하는 개별 에이전트의 관점에서 새롭게 정의하고 있는데, "다양한 환경에서 목표를 달성하는 에이전트의 능력"이라는 정의는 이 점을 잘 보여 준다. 앞선 논의에서 보았던 것처럼, 일반 인공지능의 개발은 특이점 시대를 예고하는 선행 지표와도 같은 역할을 한다고 할 수 있다. 커즈와일은 적어도 우리 자신의 지능과 같은 수준의 AI가 존재한다면, 그것은 곧 가장 지적인 인간보다 더 지적인 인공지능체의 개발로 이어지고, 이것은 다시 인간 수준보다 훨씬 더 뛰어난 인공지능체인 초지능의 개발로 이어질 것이라 예측한다. 우리는 초지능의 가능성에 대한 다양한 시나리오를 소개하고 검토함으로써 이런 전망의 현실성을 가늠해 볼 것이다.

초지능은 앞서 언급한 것처럼, 일반 인공지능 수준의 인공물 다음에 올 것으로 추정되는 인공물의 지능 수준을 말한다. 초지능의 개념과 그 이론적 가능성 및 그 효과에 대해 체계적으로 논의한 철학자 닉 보스트롬은 '초지능'을 "모든 관심 영역에서 인간의 인지 능력을 상회하는 지능"(닉 보스트롬, 2017: 55)으로 정의하면서, 초지능이 반드시 갖추어야 할 능력으로 학습할 수 있는 능력, 불확실성과 확률적 정보를 효과적으로 다루는 능력, 다양한 추론에 사용하기 위해 감각 정보와 내부 상태로부터 유용한 개념을 뽑아 조합하는 능력을 들고 있다. 보스트롬의 정의에서 알 수 있듯이, 초지능은 강한 인공지능이나 일반 인공지능과 마찬가지로 인간의 인지 능력을 비교의 준거로 삼아 정의된다고 할 수 있다.

초지능은 개념적으로는 특정 영역에 국한된 초지능과 전 영역을 포괄하는 초지능으로 구분할 수 있다. 가령 이세돌을 이긴 알파고는 이후 강화 학습을 통해 가장 뛰어난 프로 바둑기사조차도 상대할 수 없을 정도의 알파고 2.0으로 업그레이드되었다. 알파고 2.0은 적어도 바둑 능력이라는 점에서 보면 가장 뛰어난 인간을 훨씬 능가한다는 점에서 영역 특수적으로는 초지능적이라 말할 수 있을 것이다. 그러나 이것은 다른 인지 능력이나 여타의 문제 해결 면에서는 그렇지 못하기 때문에 일반적인 초지능이라고 말할 수 없다. 개념적인 혼란을 피하기 위해 이후 논의에서 초지능을 말할 때 이는 일반적인 인공 초지능을 의미하는 것으로 약정할 것이다. 다음 장에서는 이러한 초지능으로 가는 다양한 시나리오들을 살펴봄으로써 그 가능성을 검토해 볼 것이다.

참고문헌

이상욱(2009). "인공지능의 한계와 일반화된 지능의 가능성: 포스트휴머니즘적 맥락". 《과학철학》, 12.

닉 보스트롬(2017). 《슈퍼인텔리전스》. 조성진 옮김. 까치.

마빈 민스키(2019). 《마음의 사회》. 조광제 옮김. 새로운현재.

앨런 튜링(2019). "계산 기계와 지능". 《지능에 관하여》. 노승영 옮김. 에이치비프레스.

Hassabis, D.(2025.3.17). AI that can match humans at any task will be here in five to 10 years, Google DeepMind CEO says. CNBC 인터뷰. https://www.cnbc.com/2025/03/17/human-level-ai-will-be-here-in-5-to-10-years-deepmind-ceo-says.html

Searle, J.(1980). Minds, brains, and programs. *The Behavioral and Brain Sciences, 3.*

Minsky, M.(1970). interview in *Life magazine.*

04
초지능의 다양한 경로들

인공 초지능은 모든 관심 영역에서 인간의 인지 능력을 상회하는 지능을 가진 인공지능이다. 이런 초지능으로 가는 유력한 경로로 지목되는 것이 생물학적 진화의 산물을 공학적으로 구현하려는 시도, 뇌-기반 인공지능 개발 경로, 뇌-컴퓨터 인터페이스 구현을 통한 경로다. 이 장에서는 이런 세 가지 경로를 중심으로 초지능의 가능성 문제를 검토할 것이다.

청각장애인과 AI?

이 장에서는 닉 보스트롬이 제시한 초지능으로 가는 다양한 경로에 대한 논의를 중심으로 초지능이 실현되기 위한 이론적. 기술적 조건들이 무엇이고, 이에 수반되는 난점들이 무엇인지 소개하는 방식으로 초지능의 가능성 문제를 논의하려고 한다. 오해를 피하기 위해 이 장에서 말하는 '가능성'이란 '이론적, 기술적 가능성'을 의미한다는 점을 분명히 하자.

앞 장에서 언급했듯이, 닉 보스트롬은 자신의 저서 《슈퍼인텔리전스》에서 초지능을 "사실상 모든 관심 영역에서 인간의 인지 능력을 상회하는 지능"으로 잠정적으로 정의하고, 이런 일반적인 초지능이 가능하기 위해서는 학습할 수 있는 능력, 불확실성과 확률적 정보를 효과적으로 다루는 능력, 감각 정보와 내부 상태로부터 유용한 개념을 뽑아, 이런 개념을 논리적, 직관적 추론에 사용하기 위해 유연한 조합적 표현으로 다듬는 능력과 같은 세 가지 능력을 초지능체가 갖추어야 한다는 점을 분명히 한다. 초지능의 가능한 경로에 대한 보스트롬의 논의는 이 점을 전제로 이루어진다.

보스트롬은 초지능으로 가는 다섯 가지 경로를 소개하는데, 이 장에서는 이들 중 1) 생물학적 진화의 산물을 공학적으로 구현하는 경로, 2) 뇌 기반 인공지능 개발 경로, 3) 뇌-컴퓨터 인터페이스 구현을 통한 경로를 중심으로 초지능의 가능성 문제에 대해 논의할 것이다(닉 보스트롬, 2017: 2장). 약물이나 생식 세포 및 체세포 수준에서 유전자에 개입함으로써 초지능에 도달하는 경로는 보스트롬이 주장하듯이 상대적으로 그 가능성이 낮으며, 집단적 초지능을 통한 경로는 특수한 초지능을 결합한 형태이기 때문에 또 다른 차원의 논의를 필요로 하기 때문이다.

생물학적 진화의 산물을 공학적으로 구현

먼저 생물학적 진화의 산물을 공학적으로 구현함으로써 초지능에 이를 수 있다고 보는 경로는 컴퓨터 과학자이자 로봇 공학자인 한스 모라벡의 발상에 기반한 것이다. 모라벡의 논증은 다음처럼 재구성할 수 있다(Moravec, 1976).

1. 자연선택의 산물인 여러 동물들은 비행 능력을 보유하고 있다.

2. 자연선택의 산물을 모방해 인간이 만든 인공물인 비행기 역시 비행 능력을 보유하고 있다.

3. 지능은 자연선택의 산물이다.

4. 그러므로 인간은 자연선택의 산물을 모방해 인공적인 지능체를 탄생시킬 수 있을 것이다.

위 논증의 골자는 다음과 같이 정리할 수 있다. 자연이 자연선택을 통해 여러 종의 동물들에게 비행술을 탄생시킨 것처럼 인간은 이러한 자연선택의 산물을 모방해 인공물인 비행기의 비행술을 탄생시켰으며, 이와 마찬가지로 인간은 자연선택의 산물인 지능을 모방해 인공적인 지능체를 만들어 낼 수 있다. 이런 주장은 수중음파 탐지기가 돌고래의 반향정위 원리를 모방한 사례나 자기장 항법 장치가 동물의 자기장 감지 능력의 원리를 모방한 경우에서 볼 수 있는 것처럼 전례가 있으며, 따라서 나름의 근거가 있는 주장이라 할 수 있다. 그러나 보스트롬이 지적하듯이, 수중 음파 탐지기 같은 일부 사례로부터 자연이 탄생시킨 지능을 곧 모방할 수 있을 것이라 주장하는 것은 논리 비약에 가깝다고 할 수 있다. 자가 치료, 면역 체계와 같이 공학자들이나 기술자들이 진화를 따라 잡지 못하는 영역들 역시 적지 않게 존재할 뿐만 아니라 이런 지능의 진화가 어떤 조건에서 어떻게 가능했는가에 대한 정보를 우리는 거의 갖고 있지 못하기 때문이다(닉 보스트롬, 2017: 57쪽 참조).

유전 알고리즘을 컴퓨터에 빠르게 재현함으로써 인공적인 초지능을 창출하려는 시도는 앞서와 같은 난점을 돌파하려는 목적으로 제안된 방법이다. 그러나 이처럼 유전 알고리즘을 통해 초지능에 이르려는 경로 역시 여러 가지 기술적, 이론적 난점에 봉착한다고 보스트롬은 지적한다. 우선 인간의 지능을 만든 진화 과정을 구현하기 위해 컴퓨터가 인간의 어떤 진화 과정부터 재현해야 하는가 하는 변수 선택 문제뿐만 아니라 그 변수들의 크기를 정하는 문제를 해결해야 한다. 또 이것이 해결될 수 있다고 하더라도 컴퓨터가 이러한 진화 과정을 구현할 수 있을 만큼의 연산 능력을 보유할 수 있는가 하는 기술적 문제 역시 제기될 수 있다. 보스트롬은 이런 기술적 난점 이외에도 진화 과정이 지능을 발달시킬 매우 높은 개연성을 가진다고 우리가 잘못 가정할 가능성이 있음을 지적한다. 지구라는 행성에 거주하는 우리 인간종은 일단 우리 자신이 존재하고 있기 때문에 지구라는 행성에 지적 생명체가 나타날 가능성을 과장할 수 있기 때문이다.

뇌 기반 인공지능 기술 개발을 통한 경로

이 경로의 기본 발상은 인간의 전체 뇌를 본보기로 삼아 기계 지능을 만든다는 것이다. 이와 같은 입장에도 편차는 있다. 생물학적 뇌와 완전히 똑같이 만들어야 한다는 주장부터 완전히 인공적인 설계에 기반해 만들어야 한다는 입장, 또 신경모방(Neuromorphic) 방식처럼 생물학적 뇌의 구조와 기능을 참조하지만 생물학적인 뇌와는 다른 방식으로 인공지능을 만들어야 한다고 보는 입장이 있을 수 있다. 보스트롬에 따르면, 이와 같은 경로의 차이와 무관하게 인공지능 제작 과정에서 핵심적인 역할을 하는 것이 씨앗 인공지능(seed AI)이다. 이것은 튜링이 구상한 '어린이 기계'를 구체화한 것으로 비교적 고정된 구성을 유지하면서 학습을 통해 정보를 축적하고 내재적인 잠재성을 개발하는 기계를 말한다. 다시 말해, 씨앗 인공지능은 자신의 구조를 스스로 향상할 수 있는 더 정교한 인공지능으로, 이런 씨앗 인공지능의 순환적 자기 개선의 결과로 지능 대확산이 일어나고 이를 통해 초지능의 단계에 진입할 수 있게 된다.

전 뇌 에뮬레이션은 이런 초지능의 경로에 도달하기 위한 가장 기본적인 작업이라고 할 수 있는데, 이런 에뮬레이션은 크게 세 단계(닉 보스트롬, 2017; 머리 샤나한, 2018 참조)를 거쳐 이루어진다. 첫 번째 단계는 뇌 그리기로 인간의 뇌에 대한 상세한 스캔을 하는 단계다. 이 단계에서는 최소한 모든 뉴런, 시냅스, 모든 축삭돌기와 가지돌기 사이의 연결망 위치와 특징을 파악하고 때에 따라 스캔 자료의 3차원 이미지를 구성하는 작업을 진행한다. 이러한 결과는 특정한 시기에 특정한 뇌에 관한 정교한 청사진 역할을 할 것이다. 두 번째 단계는 이 청사진을 기반으로 모든 뉴런과 그 연결의 전기화학적인 작용에 관한 실시간 시뮬레이션을 구축하는 단계다. 세 번째 단계는 이렇게 시뮬레이션된 것을 외부 환경에 접속하는 단계로, 여기서 시뮬레이션 된 뇌는 가상 세계의 몸과 합성되어 가상 환경에서 물리적 환경에 대한 상세한 시뮬레이션을 구축할 수 있게 된다. 초지능론자들은 생물학적 뇌와 다르게 이렇게 디지털로 구현된 뇌의 복사본은 여러 번 복사될 수 있고 더 빠른 연산을 수행할 수 있을 뿐 아니라 스스로 순환적인 자기 개선을 할 수 있을 것이라 전망한다. 물론 이런 전망이 현실화되기 위해서는 전 뇌 에뮬레이션 작업이 성공적으로 이루어져야 하며, 이를 위해서는 스캔 단계에서 관련 요소들을 충분한 해상도로 탐지하고 출력할 수 있는 장비, 시뮬레이션 단계에서 얻은 컴퓨터 신경 연산 구조를 수행할 수 있을 정도로 충분한 연산 능력을 가진 하드웨어가 갖추어져야 한다고 전문가들은 주장한다(닉 보스트롬, 2017).

하지만 이와 같은 기술적 제약이 극복된다고 하더라도

초지능의 실현 가능성에 대해 여전히 의심할 수 있다는 비판이 여러 논자에 의해 제시되었다. 편의상 이들의 비판을 크게 두 가지 측면으로 나누어 볼 수 있다. 첫 번째 비판은 이론적인 측면의 비판으로 인공지능의 자기 개선이 초지능으로 진화할 수 있는 가능성을 차단하거나 약화한다. 먼저, 자명하지 않은 의미론적 속성을 사전에 결정할 일반적인 알고리즘이 존재하지 않는다는 라이스의 정리(Rice's Theorem)에 따르면, 인공지능의 자기 개선이 초지능으로 이어질 것이라 단정할 수 없다(Yampolskiy, 2015/2019). '의미론적 속성'(semantic property)은 원래 '보편적 튜링 기계[모든 튜링 기계의 계산을 모의할 수 있는 이상화된 튜링 기계]가 무한한 시간 동안 모든 가능한 입력에 대해 보이는 행동의 결과 집합'을 의미하며, '자명하지 않은 속성'(non-trivial property)은 '어떤 프로그램에 대해서는 참이고, 다른 프로그램에 대해서는 거짓인 속성'을 말한다. 가령 챗봇의 할루시네이션, 즉 거짓된 답을 출력함이라는 의미론적 속성은 입출력 관계에 기반한 행동 특성이라는 점에서 의미론적 속성이고, 어떤 챗봇에 대해서는 참이지만 다른 챗봇에 대해서는 거짓인 속성이라는 점에서 자명하지 않은 의미론적 속성이다. 초지능 비판론자들은 인공지능이 자기 개선을 통해 도달하는 '인간보다 높은 지능의 상태'를 일종의 자명하지 않은 의미론적 속성으로 보고, 라이스의 정리에 의해 이 속성을 사전에 결정할 일반적인 알고리즘이 존재하지 않음을 지적하고 있다. 또 파악가능성 정리(Comprehisibility Theorem)에 따르면 컴퓨터 프로그램이 정확함과 관련된 모든 자명하지 않은 의미론적 속성(가령 초지능체의 '인간에게 유해한 결과 산출')을 소유할 것인지 여부를 에이전트(인간이든 인공지능이든)가 사전에 결정할 일반적인 알고리즘은 존재하지 않기 때문에, 어떤 에이전트도 초지능체가 인간에게 무해한 결과를 일으킬 것이라 확신할 수 없다는 결론이 따라 나온다(Charlesworth, 2014). 이런 두 정리가 결합 되면, 인공지능이 자기 개선에 의한 지능 확산을 통해 초지능으로 이행할 것이라고 확신할 수 없을 뿐만 아니라 초지능이 인간에게 무해한 결과를 산출할 것이라 확신할 수도 없다는 결론이 따라 나오게 된다. 다시 말해 라이스의 정리에 의해 인공지능이 초지능으로 질적 도약을 한다는 것이 불확실하게 되고, 파악 가능성 정리에 의해 초지능이 인간에게 무해한 인공지능이 된다는 것도 불확실하게 된다. 따라서 초지능이 가능하다는 것이 원리적으로 불투명하게 되고 설사 가능하다고 해도, 그 안전성을 담보할 수 없게 되는 문제가 발생하게 된다. 초지능의 실현 가능성에 대한 두 번째 비판은 인공지능의 모델 크기, 연산량, 메모리, 학습 데이터 등의 증가가 초지능이라는 새로운 형태의 인공지능을 탄생시킬 것이라는 믿음을 겨냥한다(Chollet, 2017). 그러나 특정 과제를 수행하는 데 총 몇 번의 연산이 필요한가를 기준으로 측정되는 연산량은 특정 과제에서의 성능 향상을 예측하게 할 뿐 다른 과제에 대해서는 여전히 제한적일 수 있다. 다시 말해 연산량 증가만으로 새로운 문제 해결 능력이 자동적으로 생기는 것은 아니며 이를 위해서는 구조적 자기 개선이 필요하다. 르쿤 같은 연구자가 환경과의 상호작용을 통해 자신의 내부 모델을 점검하거나 갱신하기 위해 세계 모델을 주장하는 것도 이런 맥락과 무관하지 않다고 할 수 있다(김민수, 2025).

뇌-컴퓨터 인터페이스 구현을 통한 경로

이것은 뇌에 전극과 칩을 심어 컴퓨터와 뇌를 쌍방향으로 소통시켜 디지털 연산의 장점인 "완벽한 기억, 빠르고 정확한 산술적 계산, 고대역의 정보 전달 같은 것을 [우리가] 이용할 수 있게"(닉 보스트롬, 2017: 91) 함으로써 초지능에 도달하려는 전략이다. 머스크가 창업한 뉴럴링크사는 바로 초지능의 존재적 위험에 맞서 “AI와 융합된 인간”을 만드는 것을 장기적인 목표로 삼고 있다(Samuel, 2024). 사지가 마비된 환자가 뇌에 이식된 전극과 칩을 통해 생각만으로 컴퓨터를 조작하는 모습에서 볼 수 있는 것처럼, 이 기술은 분명 중증 장애인들에게 도움을 줄 수 있다. 하지만 이 기술은 현 단계에서는 다음과 같은 이유로 기술적인 어려움이 있을 뿐 아니라 일반인을 대상으로 시행될 때 여러 가지 문제를 야기할 수 있다.

먼저, 전극을 뇌에 이식했을 때 발생하는 감염, 전극의 위치 이탈, 내출혈, 인지력 감퇴와 같은 다양한 의학적 부작용의 위험성을 지적할 수 있다(닉 보스트롬, 2017: 91). 뉴럴링크사의 최근 실험에서 이런 우려는 기우가 아닌 현실임이 확인되었다. 로이터의 보도에 따르면, 2018년부터 2022년까지 약 1500마리의 동물이 실험 후 사망(안락사 포함)한 것으로 추정되는데, 머스크는 이런 사망의 원인이 뇌 임플란트 때문이 아니라 동물들이 이미 병든 상태였기 때문이라 해명했지만, 이런 해명과 동물/인간 실험 안전성 및 품질 관리가 문제가 되어 뉴럴링크 법인은 미증권거래위원회(SEC)의 조사를 받고 있다(Dey, 2024.12.13). 더 큰 문제는 이런 기술이 사지마비와 같은 중증 장애인의 재활을 위한 목적이 아니라 일반인의 지능 향상을 위해 쓰일 때 일어날 수 있다. 심각한 장애인의 경우 부작용을 감수하고 시술을 할 유인이 어느 정도 있지만 일반인은 부작용이 일어날 경우 오히려 이전보다 뇌 기능이 저하될 수도 있기 때문에 위험을 감수할 유인이 낮다. 이런 이유로 뇌-컴퓨터 인터페이스를 통해 초지능으로 가는 경로는 아직 갈 길이 멀다고 할 수 있다.

참고문헌

김민수(2025.10.27). "얀 르쿤 "LLM 5년 이내 구식… 월드모델 AI가 미래". 뉴스1.

닉 보스트롬(2017). 《슈퍼인텔리전스》. 조성진 옮김. 까치.

머리 샤나한(2018). 《특이점과 초지능》. 성낙현 옮김. 한울.

Charlesworth, A.(2014). The Comprehensibility Theorem and the Foundations of Artificial Intelligence. *Minds and Machines, 24.*

Chollet, F.(2017.11.28). The implausibility of intelligence Explosion. Medium.

Dey, M.(2024.12.13). "SEC 'reopens' probe into Neuralink, Musk's lawyer says." Reuters.

Moravec, H.(1976). The Role of Raw Power in Intelligence. 미간행.

Samuel, S.(2024.3.22). Elon Musk wants to merge humans with AI. How many brains will be damaged along the way?. Vox.

Yampolskiy, R. V.(2015). "On the limits of recursively self-improving AGI". *Analysis and Metaphysics.*

Yampolskiy, R. V.(2019). Unpredictability of AI. arXiv:1905.13053.

05
초지능과 트랜스휴머니즘

포스트휴먼은 건강 수명, 인지, 감정 중 최소한 하나 이상에서 인간이 달성할 수 있는 최대의 능력을 훨씬 더 넘어서는 존재자로 정의할 수 있다. 트랜스휴머니즘은 이런 포스트휴먼으로의 변화를 긍정하고 지지하는 운동을 의미한다. 초지능 담론의 일부 주창자들은 초지능이 인류에게 가져올 이익이 그것이 초래할 위험보다 훨씬 더 클 것이라는 믿음을 갖고 있는데, 이런 믿음은 트랜스휴머니즘과 직간접적으로 연관된 것으로 볼 수 있다.

AI 콘텐츠 크리에이터?

이 장에서는 초지능의 개발을 통해 사회 변화뿐만 아니라 궁극적으로는 인간 본성의 근본적인 변화를 모색하는 트랜스휴머니즘 사상의 핵심 주장과 주요 경향을 살펴보려고 한다. 초지능의 위험성을 경고하면서도 다른 한편에서 초지능 개발의 필요성을 역설하는 초지능 주창자들의 입장 이면에는 초지능이 인류에게 가져올 이익이 그것이 초래할 위험보다 훨씬 더 클 것이라는 믿음이 깔려 있으며, 이런 믿음은 트랜스휴머니즘과 밀접하게 연관된 것으로 보이기 때문이다. 트랜스휴머니즘 사상에 대한 이해는 초지능 주창자들이 제시하는 미래에 대한 전망과 기대를 이해하고, 이런 희망과 기대의 근거를 평가하는 데 도움이 될 수 있을 것이다.

포스트휴먼, 트랜스휴먼, 트랜스휴머니즘

트랜스휴머니즘을 이해하기 위해서는 이와 연관된 '포스트휴먼'이나 '트랜스휴먼' 같은 연관 개념들과 '트랜스휴머니즘' 간의 관계를 먼저 명료화할 필요가 있다. 먼저 초지능을 주창하는 철학자이자 트랜스휴머니스트인 닉 보스트롬에 따르면 '포스트휴먼(posthuman)'은 "새로운 기술적 수단을 동원하지 않고 현존하는 어떤 인간이 달성할 수 있는 최대치의 능력을 훨씬 더 넘어서는 일반적 핵심 능력을 지닌 존재"(Bostrom, 2008)로 정의된다. 보스트롬은 이러한 일반적 핵심 능력 안에 건강하고 생산적인 상태로 남아있는 능력인 건강 수명, 기억하고 추론하며 유머 등을 이해하는 인지 능력, 삶을 즐기고 타자에 적절히 정서로 반응하는 감정 능력을 포함시킨다. 요컨대, 포스트휴먼은 건강 수명, 인지, 감정 중 최소한 하나 이상에서 인간이 달성할 수 있는 최대의 능력을 훨씬 더 넘어서는 존재자로 정의할 수 있다. 이러한 포스트휴먼적인 것은 생물학적 인간에 대한 개선들이 축적된 결과물의 형태일 수도 있고, 인위적으로 만들어진 인공지능일 수도 있으며, 탈신체화된 컴퓨터 안의 업로드된 정보 형태일 수도 있다. 다시 말해 포스트휴먼적인 것은 인간뿐만 아니라 다양한 기술적 산물을 포함하는 비인간적인 존재자를 포함할 수 있다.

포스트휴먼이 우리가 한 번쯤 상상해 보았을 것 같은 능력이 최고로 향상된 인간의 모습을 기술한 것이라면, '트랜스휴머니즘(transhumanism)'은 "포스트휴먼으로의 변화를 긍정하고 지지하는 운동을 의미하는 용어"(신상규, 2014: 105)이며, '트랜스휴머니스트'는 "이 사상에 동조하는 사람"을 의미한다. 이 용어를 처음 사용한 인물은 영국의 생물학자이자 작가인 줄리언 헉슬리(Julian

Huxley)다. 그는 "인간은 인간으로 남아있지만, 인간 본성의 새로운 가능성을 실현함으로써 자신을 초월"(Huxley, 1927)할 수 있다는 믿음을 나타내기 위해 '트랜스휴머니즘'이란 용어를 사용할 것을 제안했는데, 오늘날 적지 않은 트랜스휴머니스트들에 의해 이 핵심 발상은 수용되었다고 볼 수 있다. 하지만 오늘날 트랜스휴머니스트들이 트랜스휴머니즘을 말할 때, 이는 과학기술을 통해 현재의 인간 본성을 초월할 수 있다는 믿음이나 희망을 넘어서서 그런 변화가 바람직하다거나 옳은 방향이라는 규범적 의미까지 내포한다고 볼 수 있다.

이처럼 '트랜스휴머니즘'이 '포스트휴먼으로의 변화를 긍정하고 지지하는 운동'을 의미한다면, '트랜스휴먼'은 "현재 인간과 포스트휴먼 사이의 중간 형태를 가리키는 '과도기의 인간'"(신상규, 2014: 106 참조)을 의미한다고 할 수 있다. 다시 말해 '트랜스휴먼'은 "아직 포스트휴먼 단계에 진입하지는 못했지만 현존하는 보통 인간의 능력을 넘어선 존재자"를 의미한다고 할 수 있다.

트랜스휴머니즘의 계보

"하늘 아래 새로운 것은 없다"는 격언처럼 트랜스휴머니즘 사상 역시 20세기에 갑자기 출현한 것이 아니다. 트랜스휴머니즘은 "인간 존재를 사회적으로나 신체적으로 근본적으로 변형하려는 매우 오래된 초문화적인 열망의 현대적 표현"(Hughes, 2012: 757)이라 할 수 있다. 현재 트랜스휴머니즘 운동을 주도하는 윤리학과 신흥 기술연구소(Institute for Ethics & Emerging Technology, IEET)의 대표적인 이론가 중 하나인 휴즈(J. J. Hughes)에 따르면, 트랜스휴머니즘의 열망은 계몽주의 이전 시기에는 종교적 천년왕국론이나 마법적 의술, 영적 수행을 통해 영생을 추구하는 형태로 나타났다. 불로장생의 영약(靈藥)을 개발하려는 비의 종교 수행자들의 시도나 수련을 통해 해탈에 이르려는 도인들의 고투는 전통적인 트랜스휴머니즘의 열망을 실현하려 한 대표적인 사례라 할 수 있다.

계몽주의 사상가들은 이런 전통적인 열망을 한편으로 계승하면서도 과학과 기술을 통해 근본적으로 변모된 신체와 사회를 얻겠다는 희망으로 이런 열망을 변형시켰다. 가령 영국의 철학자 프랜시스 베이컨(Francis Bacon)은 원초적 형태의 트랜스휴머니즘이 구현된 이상향인 '새로운 아틀란티스'에서는 과학자들이 수명 연장, 젊음의 회복, 노화의 지연뿐만 아니라 한 종을 다른 종으로 이식함으로써 새로운 종을 창조하는 것을 목표로 삼고 있다고 묘사한다. 또한 프랑스의 계몽사상가 콩도르세(Marquis de Condorcet)는 인류가 도달할 미래 시대인 '열 번째 시대'에는 이성과 사회 질서의 진보에 의해 의학이 더 발전함으로써 "인간의 생명의 지속 가능성에 한계가 정해질 수 없"(Condorcet, 1795)게 될 것이라 전망한다. 콩도르세의 이런 낙관적 기대 이면에는 "인간의 개선 가능성(perfectibilité)이 실로 무제한적이며… 이런 개선 가능성의 진보가 자연이 우리에게 던져 놓은 지구의 지속 기간만을 한계로 갖는다"(Condorcet, 1795)는 신념이 자리 잡고 있었다. 이처럼 계몽주의자들은 이성과 과학기술을 통한 인간의 개선 가능성에 대한 무한한 신뢰를 바탕으로 새로운 인간과 새로운 사회의 전망을 제시했는데, 바로 이와 같은 전망이 원초적인 트랜스휴머니즘의 계몽주의적인 변형태라 할 수 있다.

19세기와 20세기 초반에 트랜스휴머니즘은 러시아의 일리야 메치니코프와 같은 생물학자와 영국의 존 홀데인 같은 생화학자에 의해 과학 일반의 발전을 인간에 적용함으로써 인간이 더 부유하고 더 건강하고 더 영리한 삶을 살 것이라는 전망을 현실화하려는 기획으로 나타나기도 했다. 또 1970년대 초반에는 아이작 아시모프나 스타니스와프 렘 같은 SF 작가들의 다양한 작품들 속에서 인간의 생리적 구조에 대한 근본적인 변형을 통해 '트랜스휴머니티'로의 이행을 모색하는 발상이 제시되기도 했다. 그러나 하나의 운동으로서의 트랜스휴머니즘이 본격적으로 출현한 것은 1970년대 후반과 1990년대에 이르는 시기라고 할 수 있다. 이 시기의 트랜스휴머니즘의 대표적인 두 가지 흐름으로는 페레이둔 에스판디어리(Fereidoun M. Esfandiary)가 주도한 업윙어(Up Winger) 그룹과 막스 모어(Max More)가 주도한 엑스트로피 연구소가 있다. 벨기에 출신의 이란계 미국인인 에스판디어리는 기술적 진보가 인류를 현재의 빈곤 상태에서 벗어나게 해 줄 수 있을 뿐만 아니라 인간이 죽음을 극복하고 불멸의 존재가 될 수 있을 것이란 믿음을 갖고 있었다. 에스판디어리는 말년에 'FM-2030'이라는 이름으로 개명하는데, 이 이름은 그가 100살이 되는 2030년까지 살 수 있을 것이란 희망과 기대를 피력한 것이었다. 또 에스판디어리가 자신과 같은 트랜스휴머니스트를 '업-윙어'라고 부른 것은 그가 좌파와 우파의 대립을 지양하고 '위쪽을 지향하는' 진영과 '아래쪽을 지향하는' 진영으로 사상을 새롭게 구분했기 때문이다. 그는 자신을 "지구 밖 공동체 건설을 위해 노력하는 우주과학자들"이나 "인간의 몸을 재구성하고 죽음을 정복하려는 유전학자와 생명공학자들"("업-윙어 선언문")과 함께 '위쪽을 지향하는' 진영으로 분류했다. 다시 말해, '업-윙어'가 지향하는 '위쪽'이란 지구중심적인 관점의 탈피를 의미한다고 볼 수 있다.

20세기 후반을 대표하는 또 다른 트랜스휴머니즘 운동의 흐름은 영국 출신의 철학자이자 미래학자인 막스 모어가 주도하는 엑스트로피 연구소(Extropy Institute) 그룹이다. 연구소 명칭에서 알 수 있는 것처럼, 이 그룹의 이론과 사상에서 핵심이 되는 키워드는 '엑스트로피'와 '엑스트로피즘'이다. '엑스트로피(extropy)'는 '엔트로피(entropy)'에 대비되는 용어로 "한 체계가 지닌 지능, 기능적 질서, 활력, 개선을 향한 능력과 추진력을 표현한다"(More, 1993). 이와 연관된 '엑스트로피즘(extropianism)'은 "영속적 진보, 자기 변형, 실천적 낙관주의, 지능형 기술, 개방 사회를 강조"(More, 1998)하고 "노화와 죽음의 불가피성에 도전하며, 지적인 능력, 신체적인 역량과 정서적 발달의 지속적인 향상을 추구하는"(상동) 트랜스휴머니스트의 철학을 의미한다. 엑스트로피 연구소는 이런 철학과 사상을 연구소의 간행물과 강연 등을 통해 대중적으로 확산시키는 작업을 하고 있다.

21세기 들어 트랜스휴머니즘의 흐름은 좀 더 다양한 분화를 겪는다. 기존의 트랜스휴머니즘에 대한 이론적 반성이 이런 사상적 분화와 다양화의 자양분이 되었다고 할 수 있다. 21세기 트랜스휴머니즘의 주요한 경향을 20세기 트랜스휴머니즘과의 친근성과 연속성 및 초지능 개발의 필요성과 관련하여 다음과 같이 세 그룹으로 나누어 볼 수 있다.

먼저 기존의 트랜스휴머니즘 그룹인 엑스트로피 연구소 그룹과 강한 친근성을 보이는 휴머니티 플러스(Humanity+) 중심의 흐름이 있다. 이 그룹은 정치적으로는 자유지상주의적인(libertarian) 성향을 지닌 실리콘밸리의 거부들과 밀접하게 연관되어 있으며 그들의 경제적 후원에 힘입어 운영되고 있다. 홈페이지의 "트랜스휴머니스트 선언문(The Transhumanist Manifesto)"에서 휴머니티 플러스의 회장이자 엑스트로피 연구소를 설립한 막스 모어의 부인이기도 한 나타샤 비타모어(Natasha Vita-More)는 "노화가 질병이며, 인간 신체와 뇌의 증강 및 향상이 생존에 필수적이며, 안전하고 건강한 환경 안에서 번영하기 위해서는 복리(well-being)가 필수적"이라고 주장한다. 이들의 주장에서 특기할 만한 것은 "유전자 자유권(genetic liberty)을 증진함으로써 유전적 취약성에서 벗어나기 위해" 기술과 증거 기반 과학의 윤리적 활용을 주장한다는 점이다. 이는 인간이 다양한 생명공학 기술을 활용해 스스로 유전적 취약성에서 벗어나거나 2세가 벗어나게 할 권리가 있음을 주장한 것으로 볼 수 있다. 이들의 사상에서 또 하나 흥미로운 점은 전통적 인간주의와의 연속성을 강조한다는 점이다. 이 점은 트랜스휴먼이 기계, 인공지능, 인간 등의 혼종 형태인 사이보그라기보다는 "연속적인 인간 진화의 산물"임을 강조하는 선언문의 문구를 통해 확인할 수 있다. 트랜스휴머니즘은 이성과 과학기술의 발달을 통한 인간의 지적, 도덕적 진보라는 사상을 계몽주의로부터 받아들였지만, 교육과 교양이 아닌 생명공학, 인공지능 같은 첨단 기술을 통해 인간 조건 자체의 변형을 꾀한다는 점에서 계몽주의를 넘어섰다고 할 수 있다. 또한 과학기술이 가져올 인류의 존재적 위험 같은 문제에 주목한다는 점에서 기술낙관론 일변도의 20세기 트랜스휴머니즘에서 어느 정도 벗어났다고 평가할 수 있다. 그러나 '유전자 자유권'(genetic liberty)에 대한 강조에서 볼 수 있듯이, 이 그룹의 철학은 개인의 자율성을 최우선의 가치로 삼으면서 여러 사회 문제에 대해 시장 친화적인 해법을 선호하는 경향을 보인다. 또한 이들의 주장은 민간 주도의 인간 향상 프로그램을 통해 사회적 차별을 재생산할 위험이 있다는 점에서 자유주의적 우생학의 혐의에서 자유로울 수 없다.

트랜스휴머니티 플러스의 모태가 된 세계 트랜스휴머니스트 협회(The World Transhumanist Association)의 구성원인 N. 보스트롬, H. 휴즈 등이 주축이 돼 설립된 IEET를 중심으로 하는 흐름은 또 다른 대표적인 트랜스휴머니즘의 경향이다. 이들은《진화와 기술(Journal of Evolution and Technology)》같은 학술지를 중심으로 좀 더 학술적인 운동을 벌인다는 점에서 앞의 단체와 차이가 있다. 하지만 개인의 삶에 대한 자율적 선택과 이성적 통제의 중요성을 강조하고 기술적 진보를 통해 인간의 자유와 번영을 증진시킬 수 있다고 믿는다는 점에서 트랜스휴머니티 플러스와 공통점을 가진다. 이와 같은 기존 흐름과의 공통점과 차이점은 이들의 "트랜스휴머니스트 선언"(Transhumanist Declaration, 1998년에 발표돼 2009년에 최종 수정됨)을 통해 확인할 수 있다. 총 8개의 항목으로 된 선언의 초반부에서 이들은 '인간의 잠재력' 확장과 향상이 가능할 것이라는 낙관적 전망으로 시작해(1, 2항), 인간 향상 기술의 오용으로 인한 심각한 위기의 가능성과 그런 가능성으로 이끌 다양한 시나리오를 소개하고(3항), 이를 대비할 연구와 논의, 그리고 이런 연구와 논의를 위한 재정적 투자의 필요성을 언급한다(3, 4, 5항). 과학기술로 인해 발생할 수 있는 여러 문제들의 위험성과 그에 대한 적극적인 대비를 요구한다는 점에서 IEET의 입장은 기존의 트랜스휴머니즘과 좀 더 큰 차이를 보여 준다. 이뿐만 아니라 IEET의 트랜스휴머니즘은 비인간-지능체가 감각과 느낌을 경험하는 능력(sentience)을 가지는 한 도덕적 고려의 대상이 되어야 한다고 주장한다는 점에서도 기존 트랜스휴머니즘과 차별점을 보여 준다. 이들의 트랜스휴머니즘은 트랜스휴먼적인 것에 더 많은 비인간적인 존재자들을 포함시키고 이들의 권리를 요구한다는 점에서 전통적인 트랜스휴머니즘보다 탈인간중심적인 경향을 더 강하게 보인다. 또 이들의 사상은 과학기술에 대한 민주적 통제의 필요성을 인정하고 향상된 기술을 사회복지 증진을 위해 사용하는 데 관심을 가진다는 점에서 휴머니티 플러스의 입장과 차이가 있다(신상규, 2014: 122 참조). 그러나 IEET의 트랜스휴머니즘은 인간 향상을 위해 다양한 자유주의적인 우생학적 시도를 허용한다는 점에서 앞서 지적한 여러 부작용의 위험에서 자유로울 수 없다.

또한 인간과 비인간적인 것 간의 다양한 결합과 정보 이전을 통해 지능 향상과 생물학적 한계의 극복을 시도한다는 점에서 다양한 종류의 정체성 문제에 직면할 수밖에 없다. 7장에서 초지능의 문제를 다루면서 우리는 이런 문제점이 어떻게 드러나는지 확인하게 될 것이다.

참고문헌

신상규(2014). 《호모 사피엔스의 미래: 포스트휴먼과 트랜스휴머니즘》. 아카넷.

Bostrom, N.(2008). Why I Want to be a Posthuman When I Grow Up. In Gordijn, B. & Chadwick, R.(eds.). *Medical Enhancement and Posthumanity*. Springer.

Condorcet, N.(1795). Dixième époque, Esquisse d'un tableau historique des progrès de l'esprit humain.

Esfandiary, F. M.(n.d.). "업-윙어 선언문". https://slowlorisblog.wordpress.com/wp-content/uploads/2015/05/esfandiary-up-wingers-a-futurist-manifesto.pdf

Hughes, J.(2012). The Politics of Transhumanism and the Techno-Millennial Imagination, 1626-2030. *Zygon, 47*(4).

Humanity+, The Transhumanist Manifesto(트랜스휴머니스트 선언문). https://www.humanityplus.org/the-transhumanist-manifesto

Huxley, J.(1927). *Religion Without Revelation*. Harper & Brothers Publishers.

More, M.(1993). The Extropian Principles, Version 2.5.

More, M.(1998). The Extropian Principles, Version 3.0.
World Transhumanist Association(Humanity+의 전신), The Transhumanist Declaration(트랜스휴머니스트 선언). https://www.humanityplus.org/the-transhumanist-declaration

06
초지능의 위험성을 보는 두 관점

초지능의 위험성을 보는 관점에는 '에레혼 문제'로 보는 관점과 '미다스 왕' 문제로 보는 관점이 있다. 초지능의 위험을 '에레혼 문제'로 본다는 것은 초지능 문제를 인류가 초지능체에 대한 우월성과 자율성을 유지할 수 있는가 하는 문제로 본다는 것이다. 이때 초지능체는 인간의 생존을 위협하는 존재로 간주되어 인류와의 격돌이 불가피할 것이란 전망이 우세하게 된다. 반면 초지능의 위험성을 '미다스 왕' 문제로 본다면, 초지능 문제는 초지능이 불러일으킬 위험을 예견하지 못하고 통제를 소홀히 해서 생기는 위험성의 문제로 인식된다.

AI와 민주주의?

앞 장에서는 초지능 이론가들과 공학자들 일부가 공유하고 있는 트랜스휴머니즘 사상의 핵심 논제와 역사 및 현황을 살펴보았고, 이런 트랜스휴머니즘 사상은 인공 초지능의 개발과 그 이용 방향을 선도할 수 있다는 점에서 인류에게 기회를 제공할 수 있을 뿐만 아니라 위기를 초래할 수 있다는 점을 지적했다. 이 장에서는 초지능이 어떤 종류의 위험을 초래할 수 있는지, 또 이러한 위험에 대한 입장에는 어떤 것들이 있는지 살펴보려고 한다.

인공 초지능이 아직 현실화되지 않았음에도, 초지능의 위험을 분류하겠다는 '무모한' 시도를 하는 이유는 간단하다. 초지능의 위험성을 논하는 첫 번째 이유는 라이스의 정리와 파악 가능성 정리의 함축 때문이다. 앞 장에서 우리는 이 두 정리로부터 인공지능이 자기 개선에 의한 지능 확산을 통해 초지능으로 이행할 것이라고 확신할 수 없을 뿐만 아니라 초지능이 인간에게 무해한 결과를 산출할 것이라 확신할 수도 없다는 결론이 따라 나온다는 것을 확인한 바 있다. 두 정리의 이런 함축은 한편으로는 초지능의 가능성을 의심하게 하지만, 다른 한편으로는 초지능의 안전한 통제 가능성 역시 의심하게 한다. 초지능의 위험성은 바로 후자의 방향에서 논의된다고 할 수 있다. 다시 말해 초지능의 가능성 여부가 원리적으로 명확히 입증되지 않는다고 하더라도, 그 가능성을 완전히 부정할 수는 없으며, 만약 초지능이 가능하다면, 초지능의 안전성이 담보될 수 없기에 그 위험성에 주목해야 한다. 초지능의 위험성을 거론하는 두 번째 이유는 로드니 브룩스가 지적한 것처럼, 인류가 인공지능에 대한 과대평가 또는 과소평가에 기반해 맹목적인 공포를 조장하거나 근거 없는 낙관론을 설파하는 우를 범할 수 있기 때문이다(Brooks, 2017). 따라서 초지능의 위험성과 관련해서도 맹목적인 공포로 그 위험성을 과장하거나 근거 없는 낙관론에 기대어 위험성을 과소평가하는 우를 범하지 않도록 초지능으로 인해 야기될 것으로 예상되는 위험을 좀 더 유형별로 나누어 살펴볼 필요가 있다.

'에레혼 문제'와 '미다스 왕 문제'

초지능이 초래할 수 있는 위험의 유형과 사례 등을 논하기 전에 먼저 초지능으로 인해 생겨날 수 있는 문제를 보는 두 가지 관점을 살펴볼 필요가 있다. 두 관점 중 어떤 관점을 택하는가에 따라 같은 유형의 문제라도 매우 다른 방식으로 접근할 수 있으며 그에 따라 매우 차별화된 해법을 제시할 수도 있기 때문이다. 초지능으로 인해 생겨날 수 있는 문제를 보는 첫 번째 관점은 이런 문제를 인류가 초지능체에 대한 우월성과 자율성을 유지할 수 있는가 하는 문제로 보는 관점이다. 이런 관점으로 파악된 초지능의 문제를 19세기 영국의 소설가 사무엘 버틀러가 쓴 소설의 제목인 《에레혼(Erewhon)》의 이름을 따서 '에레혼 문제'라고 부를 수 있다(스튜어트 러셀, 2022: 5장 참조). 《에레혼》은 인류가 통제력을 상실하는 수준까지 기계가 발전할 수 있기 때문에 기계 장치를 금지해야 한다고 주장하는 반기계파와 그에 반대하는 기계파 간의 내전을 다룬 SF 소설이다. 이 소설에서 반기계파는 '생각하는 기계'가 발전해 인간의 능력을 넘어서 인간을 지배하고 정복할지 모른다는 상황 인식에 기반해 기계를 파괴하는 대안을 내세운다. 영화화되기도 했던 프랭크 허버트(Frank Herbert)의 SF 소설 《듄(Dune)》 역시 '생각하는 기계'와의 전쟁 이후에 인류가 살아남은 미래를 배경으로 삼은 작품이다. 이처럼 초지능으로 인한 문제가 에레혼 문제로 간주된다면, 초지능체는 인간의 생존을 위협하는 존재로 간주되어 인류와 이런 존재와의 일대 격돌이 불가피할 것이란 전망이 우세하게 된다.

물론 SF 소설가들만 초지능으로 인한 문제를 에레혼 문제로 간주한 것은 아니다. 테슬라의 CEO이자 인공지능 개발자이기도 한 일론 머스크는 AI로 인해 인류가 멸망할 확률이 20%라고 주장하면서 AI가 인간보다 훨씬 더 뛰어난 역량을 갖게 되는 특이점이 도래하기 전에 고대역폭의 인간-컴퓨터 인터페이스 기술을 개발해 인간의 역량을 강화해야 한다고 역설한다. 머스크에게 뇌-컴퓨터 인터페이스 기술은 초지능에 뒤처지지 않고 인공지능에 대한 경쟁력을 확보하기 위해 인간이 갖추어야 할 안전 방안 중 하나라고 할 수 있다. 한스 모라벡 같은 컴퓨터 과학자나 맥스 테그마크 같은 물리학자 역시 초지능으로 인한 문제를 에레혼 문제로 보는 대표적인 인물이라 할 수 있다. 한스 모라벡(Hans Moravec)은 인간의 삶에 개의치 않는 비인간적인 초마음(unhuman superminds)들이 지구를 물려받는 미래를 예견하고 있고, 맥스 테그마크(Max Tegmark) 역시 초지능 기계가 우리가 알아차리지 못하는 사이에 세계 전체를 경제적, 정치적으로 점차 장악하는 시나리오를 서술하고 있다(한스 모라벡, 2011; 맥스 테그마크, 2017). 이들은 이런 초지능에 대한 해법에서는 차이를 보일지 몰라도 초지능체와 인간 간의 격돌이 불가피하며 이런 격돌에서 인간이 패배할 경우 인류가 초지능체에 대한 우월함과 자율성을 상실할 것이라는 우려를 표명한다는 점에서 공통점을 보여 준다.

그러나 이와 같이 초지능에 의해 발생할 것으로 예견되는 문제를 자율성과 우월성을 둘러싼 인간과 초지능 간의 적대적 대결에 기반해 서술하는 관점과는 다른 관점 역시 존재한다. 이런 관점에 따르면, 초지능이 야기할 것으로 예상되는 문제는 인간의 욕망을 실현할 도구가 일으킨 의도하지 않은 유해한 결과를 예측하거나 통제하지 못하는 문제로 간주되며, 따라서 앞의 관점과 다르게 생사를 건 인간과 초지능[체] 간의 투쟁을 주요한 위험 요인으로 지목하지 않는다. 이처럼 초지능의 문제를 인간의 꿈과 욕망을 실현하려는 도구가 일으키는 의도하지 않은 유해한 결과의 문제로 보는 관점은 스튜어트 러셀이 지적한 것처럼 고대 그리스 신화 속의 미다스 왕의 이야기와 닮았다고 할 수 있다(스튜어트 러셀, 2022: 202~203쪽 참조). 미다스 왕이 모든 것을 금으로 변하게 하는 마법의 손을 갖게 되자 자신의 음식마저 건드려 자신의 의도와 무관하게 그것들을 금으로 변하게 함으로써 굶어 죽었던 것처럼, 초지능이 불러일으킬 위험을 예견하지 못하고 통제를 소홀히 하는 순간 인류는 자신이 만든 초지능의 예측하지 못한 '역습'을 받을 수 있다.

초지능의 문제를 이처럼 '미다스 왕 문제'로 보는 대표적인 인물로는 역사학자이자 작가인 유발 하라리, AI 연구자인 스튜어트 러셀 등을 들 수 있다. 유발 하라리는 초지능이 "우리 모두를 파괴할 것이라는 두려움"과 함께 "더 나은 세계를 창조할 것이라는 낙관론"을 지양하고 중간노선을 택할 것을 권고한다(Harari, 2025). 그러나 유발 하라리의 이런 권고는 AI 혁명이 가져올 엄청난 파급력과 예상치 못한 효과들에 대한 인식에 기반한다는 점에서 초지능으로 인해 예상되는 문제를 '미다스 왕 문제'로 보는 그의 인식을 잘 보여 준다. 컴퓨터 과학자이자 인공지능 연구자인 스튜어트 러셀 역시 이와 비슷한 인식을 보여 준다. 러셀은 초지능이 "그 어떤 사람이 바랄 수 있는 것보다 훨씬 더 일찍, 세계와 그 거주자들에 관해 훨씬 더 상세하고 정확하게 이해"(스튜어트 러셀, 2022: 143)할 수 있을 뿐만 아니라 수천 또는 수백만 대의 로봇을 제어할 수도 있고, 엄청난 추론 능력을 토대로 과학 이론들 사이의 모순, 이론과 관찰 간의 모순을 찾아내는 뛰어난 능력도 가질 수 있을 것이라 예측한다(스튜어트 러셀, 2022: 144). 그러나 이처럼 초지능이 그 어떤 인간보다 더 미래를 더 멀리까지, 훨씬 더 정확하게 내다보는 능력을 가진다고 하더라도, 이런 초지능이 대부분의 문제를 해결할 수 있을 것이란 기대는 신화에 가깝다고 러셀은 지적한다. 가령, 특정한 약물이 어떤 실험 동물의 특정한 암을 치료하는지를 판단할 때 해당 분야의 과학자는 그 동물에게 약물을 투여해 몇 주 동안 기다리거나 충분히 정확한 시뮬레이션을 하는 것 중에서 하나를 택해야 한다(스튜어트 러셀, 2022: 146~147쪽 참조). 그러나 시뮬레이션을 하기 위해서는 경험적 지식을 많이 축적하고 먼저 모델을 구축해야 하는데, 이는 약물 투여 후 경과를 보는 선택지보다 더 시간과 비용이 많이 든다.

이처럼 초지능으로 인한 문제를 보는 두 관점이 크게 다르기 때문에 이 각각의 관점의 지지자들은 같은 문제라고 하더라도 매우 다르게 분석하고 해법을 제시하며, 때로는 한쪽이 제시하지 않은 문제를 위협적이고 시급히 해결해야 할 문제로 거론하기도 한다. 다음 장에서는 초지능으로 인해 발생할 것으로 예견되는 문제들에 대한 두 관점의 지지자들의 입장을 비교하고 대조할 것이다.

참고문헌

맥스 테그마크(2017). 《라이프 3.0》. 백우진 옮김. 동아시아.
스튜어트 러셀(2022). 《어떻게 인간과 공존하는 인공지능을 만들 것인가》. 이한음 옮김. 김영사.
한스 모라벡(2011). 《마음의 아이들》. 박우석 옮김. 김영사.

Brooks, R.(2017.10.6). The seven deadly sins of AI predictions. MIT Technology Review. 아래 사이트의 국역본 참고. https://www.techm.kr/news/articleView.html?idxno=4567

Harari, Y. N.(2025.4.1). How Do We Share the Planet With This New Superintelligence?. Wired.

07
초지능으로 인한 문제의 유형

초지능으로 인해 발생할 수 있는 주요 문제는 세 유형으로 나눌 수 있다. 존재적 위험은 지구에서 기원한 지능 생명체를 완전히 소멸시키거나 그 잠재력을 영구적이고 극적으로 제한할 수 있는 부정적 결과를 일으키는 위험을 말한다. 자율형 에이전트의 활용으로 인한 문제는 최소한의 감독으로부터 완전한 자율성에 이르기까지 다양한 정도의 자율성에 따라 특정 직업을 수행할 수 있는 소프트웨어 시스템의 사용으로 인해 생길 수 있는 문제다. 정체성 문제는 자율형 인공지능 발달로 발생이 예상되는 다양한 형태의 실존적인 위기를 의미한다.

AI와 애니메이션?

초지능 문제를 보는 두 관점의 지지자들 모두가 발생 가능성이 높은 문제로 거론하는 대표적인 문제가 존재적 위험(existential risk)이다. 보스트롬은 '존재적 위험'을 "지구에서 기원한 지능 생명체를 완전히 소멸시키거나 그 잠재력을 영구적이고 극적으로 제한할 수 있는 부정적 결과를 일으키는 위험"(Bostrom, 2002)으로 정의하는데, 이처럼 존재적 위험을 지구 출신 지적 생명체의 전멸과 그 생명체의 잠재력을 영구적이고 극적으로 제한하는 위험으로 파악하는 관점은 다양한 성향의 초지능 이론가들이나 연구자들에 의해 공유된다고 할 수 있다. 하지만 초지능으로 인한 존재적 위험의 유형과 그런 유형이 일어날 수 있는 방식과 관련해서는 앞서 언급한 두 관점 간의 차이가 뚜렷하게 나타난다.

보스트롬은 존재적 위험의 유형을 분류하고 그 가능한 방식들을 제시한 바 있는데, 이를 참고해 초지능 문제를 미다스 왕 문제로 보는 논자들과 에레혼 문제로 보는 논자들의 입장을 대비할 수 있다. 보스트롬에 따르면, 존재적 위험은 (1)갑작스러운 재앙에 의해 지구에서 탄생한 지능 생명체가 멸종하는 유형, (2)인류가 포스트휴먼으로 진화할 잠재력이 영구히 좌절되지만 인간의 생명은 어떤 형태로든 지속되는 유형, (3)어떤 형태의 포스트휴먼에는 도달하지만 가능하고 바람직한 것의 범위가 지극히 좁은 상태에 머무르는 유형, (4)포스트휴먼 문명이 등장하지만 우리가 소중히 여기는 것들이 완전히 소멸되거나 또는 달성 가능하다고 본 수준에 비해 미미한 정도로만 실현된 유형으로 나눌 수 있다(Bostrom, 2002).

이런 네 가지 유형 중 초지능의 문제와 직접 관련이 있는 것은 유형 (1), (2), (3)이다. (1)은 갑작스러운 재앙에 의해 지구 출신 지적 생명체가 멸종하는 경우로, 보스트롬은 초지능이 하위 목표를 상위 목표로 격상시키도록 잘못 프로그래밍 돼 인류를 멸종시키는 경우를 이런 유형의 가능한 시나리오로 제시한다. 보스트롬이 제시하는 종이 클립 사고 실험은 이런 시나리오의 가능성을 극적인 형태로 보여 준다. 즉, '종이 클립 사고 실험'이란 초지능에게 '종이 클립의 수를 최대한 늘려라'는 목표가 부과되었을 때 초지능은 심지어는 인간의 몸을 포함해 사용 가능한 모든 물질을 종이 클립으로 바꾸어 버릴지도 모른다는 것을 보여 주는 사고 실험이다. (2)와 관련한 존재적 위험의 가능한 양상으로 보스트롬이 제시한 것은 포스트휴먼 세계로의 이행을 어렵게 만드는 기술적 난점이 너무 커서 인류가 포스트휴먼 세계에 결코 도달하지 못하는 것으로 판명 나는 경우다. 보스트롬은 이를 '기술적 정지(technological arrest)'라고 부른다. 보스트롬은 (3)과 관련한 존재적 위험의 가능한 두 방식을 제시한다. 하나는 앞서 언급한 것과 유사하게 잘못 설계된 초지능이 부적절한 목표를 인계받고 이를 구현할 가능성이고, 다른 하나는 억압적이고 전체주의적인 전 지구적인 체제에서 초지능의 소유자들이나 설계자들의 괴이한 가치만을 반영하도록 초지능체가 설계되는 경우다. 특히 후자의 경우, 초지능체의 소유자나 설계자가 우생학적 차별을 지지하거나 전체주의적인 사상을 신봉한다면 존재적 위험은 불평등과 차별의 문제 또는 민주주의의 위기 문제로 이어질 수 있다. 특히 초지능의 개발자들이나 이론가들이 신봉하는 트랜스휴머니즘의 사상이 이런 우생학적 사고와 친화성을 가질수록 이런 위험성은 더욱 커질 수 있다.

존재적 위험에 대한 분류에서 알 수 있듯이, 닉 보스트롬은 존재적 위험의 범위와 깊이를 포스트휴먼 사회로의 이행 가능성 여부와 관련해 사고한다. 포스트휴먼으로 인류가 진화할 잠재력이 영구히 좌절되지만 인간의 생명은 어떤 형태로든 지속되는 상태에서 초지능에 의해 인류가 멸종 위기를 겪는 기술적 정지, 그리고 인류가 매우 협소한 범위의 능력만 갖춘 포스트휴먼 단계에 도달한 상태에서 목표가 잘못 설계된 초지능으로 인해 위험에 빠지는 상황 등을 위험 요인으로 지목하는 인식이 이 점을 잘 보여 준다. 존재적 위험에 대한 보스트롬의 이와 같은 인식은 그가 초지능으로 인한 문제를 에레혼 문제의 일종으로 보고 있음을 시사한다. 인류가 고도의 능력을 갖춘 포스트휴먼의 상태에 도달하지 못한다면 인류가 초지능과의 대결에서 패배할 것이라는 우려와 불안이 그의 주장과 분석의 주요한 동기를 형성하기 때문이다.

반면 스튜어트 러셀, 유발 하라리 같은 논자들은 존재적 위험에 대해 상이한 분석을 제시한다. 러셀은 초지능체가 세계 전체를 경제적, 정치적으로 서서히 장악하는 맥스 테그마크의 시나리오를 언급하면서 이런 장악이 가능하다고 해도 그것은 초지능체들이 '세계 정복'과 같은 목적을 갖고 인간을 장악하는 방식으로 이루어지지 않을 것이라 본다(스튜어트 러셀, 2022: 205). 초지능체를 마치 전지전능한 신처럼 미래에 대한 완벽한 지식을 갖고 그런 지식에 기반해 세계 정복을 추진하는 존재로 묘사하는 것은 초지능의 현재 수준에서의 한계를 과소평가한 발상이기 때문이다. 가령 초지능체가 세계의 미래에 관해 완벽한 지식을 가지려면, 그것이 세계의 현재 상태를 정확히 파악하는 비현실적인 능력뿐만 아니라 세계의 실시간 진행 상황보다 더 빨리 세계 상태를 시뮬레이션 할 수 있는 능력을 요구하는데, 이는 거의 불가능하다. 또 초지능체가 경험 과학 분야에서 순식간에 많은 발견을 할 가능성이나 인간을 모델화하고 예측할 가능성은 낮다고 러셀은 주장한다. 경험 세계에 대한 많은 지식을 갖고 있지 않다면 세계의 미래에 대한 정확한 시뮬레이션이 불가능하기 때문이고, 초지능체는 인간이 아니기에 인간의 감정이나 생각을 이해하고 예측하기가 쉽지 않기 때문이다(스튜어트 러셀, 2022: 145~148). 러셀은 이와 같은 이유로 초지능[체]에 의한 존재적 위험은 오히려 초지능체가 가진 목표와 인간의 목표가 상충할 때 초지능체가 인간의 목표를 제쳐두고 자신이 원하는 목표를 추구하는 양상으로 나타날 것이라 전망한다.

이런 존재적 위험 이외에도 초지능체가 일으킬 것으로 예상되는 또 다른 대표적인 문제로는 자율형 에이전트의 활용으로 인한 문제가 있다. 자율형 에이전트란 "가장 넓은 의미에서 최소한의 감독이나 완전한 자율성을 바탕으로 특정 직업을 수행할 수 있는 소프트웨어 시스템"(Heikkla & Hewven, 2025)을 의미한다. 최근 앤트로픽(Anthropic)사는 기존 에이전트 소프트웨어 시스템인 클로드(Claude)의 확장판을 출시했는데, 컴퓨터 화면을 직접 제어할 수 있는 '컴퓨터 유즈' 기능을 통해 이 프로그램은 컴퓨터 커서를 이동하고 버튼을 클릭해 텍스트를 입력하는 것과 같은 작업을 사용자 대신 수행할 수 있다. 물론 이 기능은 아직은 사용하기가 번거롭고 오류 발생 가능성이 커서 일부 플랫폼의 테스터들에게 제공되고 있지만 AI 기술의 발달과 함께 앞으로 자율형 에이전트의 자율성의 단계는 더 높아질 것으로 예상되며, 특히 초지능의 개발과 함께 여러 가지 문제가 야기될 수 있을 것으로 연구자들은 예측하고 있다. 이런 여러 문제 중 가장 먼저 지적되는 것은 치명적인 자율 무기 시스템(lethal autonomous weapons system: AWS로 약칭)이다. 보통 이는 "인간의 개입 없이 인간 표적을 찾아내어 선택하고 제거하는"(스튜어트 러셀, 2022: 166 참조) 무기 시스템을 말한다. 러셀은 AWS를 영화 〈터미네이터〉에 나오는 인간형 로봇과 같은 것으로 묘사하는 것은 과장된 주장이라고 지적하며, 이 문제를 '에레혼 문제'로 보는 것을 경계하자는 주의를 준다. 하지만 러시아와 우크라이나의 전쟁에서 AI가 내장된 드론이 인간 조종사를 상회하는 살상률을 보여 주었다는 최근 기사에서 알 수 있듯이 이미 이 문제는 현실화되고 있다고 할 수 있다(임대준, 2024).

초지능을 갖춘 자율형 에이전트의 활용으로 인해 발생할 것으로 우려되는 또 다른 대표적인 문제는 민주주의의 위기 문제다. 앞서 본 것처럼, 보스트롬의 경우 이 문제를 포스트휴먼 사회에서 초지능의 소유자나 설계자의 괴이한 사상이 반영된 정책이나 제도가 시행됨으로써 생길 수 있는 문제로 거론하고 있다면, 러셀은 초지능 시스템이 개인의 정보를 취합해 개인 맞춤형 메시지를 작성하거나 엄청난 양의 가짜 신문이나 댓글, 트윗, 추천을 쏟아냄으로써 여론을 조작하는 초지능의 오용 문제로 이 문제를 파악한다. 이와 같은 초지능의 오용은 초지능을 통해 인간의 행동을 감시하고 통제할 뿐만 아니라 설득하려는 시도로 이어진다는 점에서 국민의 기본권과 인권을 심각하게 침해할 수 있으며, 이를 통해 민주주의를 급속도로 후퇴시킬 수 있다.

초지능을 갖춘 자율형 에이전트가 야기할 것으로 예상되는 또 다른 대표적 문제는 기술적 실업이다. 이는 초지능[체]의 발달로 상당수의 업무가 자동화되면서 기존의 일자리가 대폭 축소될 것이란 전망과 관련된다. 러셀은 바코드 시스템의 도입이 슈퍼마켓 계산원의 실업으로 이어진 것은 아니라는 주장에 대해 미노동통계국의 2010~2016년까지의 해당 분야의 실직률 통계에 근거해 "앞으로 수십 년 안에 틀에 박힌 육체노동과 정신노동이 모두 기계를 통해 더 값싸게 이루어질 가능성이 분명히 있다"(스튜어트 러셀, 2022: 177)고 전망한다. 고도로 숙련된 일자리를 둘러싼 경쟁에서 낙오된 수많은 이들의 임금은 빈곤선 아래로 내몰릴 위험이 있다는 점에서 기술적 실업의 문제는 경제적 불평등과 빈곤의 문제로 이어질 수 있다고 러셀은 경고한다.

초지능 기술은 인간의 노동과 삶의 양식을 변형시킴으로써 여러 가지 정체성 문제 역시 야기할 수 있다. 우선 자동화는 인간다운 삶을 영위하기 위해 우리가 갖추어야 할 읽기, 쓰기, 말하기, 셈하기와 같은 기본 역량을 자동화된 시스템에 맡김으로써 그런 분야의 기본적인 역량을 갖추지 못하게 하는 탈숙련화(deskilling) 문제를 야기할 수 있다. 또 고도로 숙련된 일자리에서 배제된 다수의 사람들에게는 노동의 의미가 무엇이고 사회에서 자신의 존재 의미는 무엇인가에 대한 실존적 회의감을 들게 할 위험이 있다. 그러나 이보다 더 심각한 것은 몸체까지 갖춘 초지능 휴머노이드가 인간보다 더 높은 지위에서 인간에 대해 평가하고 판단하는 일을 하는 경우다. 영화 〈엘리시움〉에서는 주인공 맥스가 로봇에 의해 가석방 심사를 받는 장면이 나오는데, 이는 초지능체의 등장으로 이등 시민으로 전락한 인간이 로봇에 의해 통제되는 비극적 상황을 묘사하고 있다고 할 수 있다.

이제까지 초지능으로 인해 발생할 우려가 있는 문제들을 존재적 위험의 문제, 자율형 에이전트의 활용으로 인한 문제, 정체성 문제로 분류해서 소개했다. 다음 장에서는 이런 문제들에 대한 다양한 반응을 통해 초지능으로 인해 야기되는 문제의 성격을 좀 더 명료화하고자 한다.

참고문헌

임대준(2024.10.16). "우크라이나, AI로 드론 살상률 80%까지 끌어올려". AI타임즈.

스튜어트 러셀(2022). 《어떻게 인간과 공존하는 인공지능을 만들 것인가》. 이한음 옮김. 김영사.

Bostrom, N.(2002). Existential Risks: Analyzing Human Extinction Scenarios and Related Hazards. *Journal of Evolution and Technology, 9*.

Heikkla, M. & Hewven, W. D.(2025). "앤트로픽 수석과학자가 전망하는 2025년 'AI 에이전트'의 4대 혁신". 《MIT 테크놀로지 리뷰》, 19.

08
초지능 위험에 대한 다섯 가지 반응

위험 부정론 또는 시기 상조론은 초지능의 위험성을 부정하거나 그 위험성이 걱정할 수준이 아니라고 보는 입장이다. 숙명론 또는 선택과 집중론은 초지능의 위험성은 인정하지만 그에 대한 대처는 가능하지도, 바람직하지도 않다고 본다. 반면 포스트휴먼 이행론과 기술적 통제론은 초지능의 위험성을 인정하면서 포스트휴먼으로의 이행을 통해 이에 대처하거나 공학적, 기술적인 수단으로 대처할 것을 요구한다. 윤리적, 정치적 대안론은 구조적 부정의나 정체성 문제를 해결하기 위해 문제에 대한 새로운 접근과 사고를 요구한다.

AI와 인재 채용?

이 장에서는 초지능의 문제들에 대한 다양한 반응을 먼저 살펴보려고 한다. 여러 가지 이유로 초지능의 문제에 대해 대처하는 것은 가능하지도 않고 바람직하지도 않다는 주장들이 우선 해명되어야 초지능의 문제와 그 대안에 대한 논의가 유의미하다고 할 수 있을 것이기 때문이다.

위험에 대한 다양한 반응

초지능으로 인해 발생할 것으로 예상되는 여러 문제들에 대한 입장은 크게 5가지로 나눌 수 있다(스튜어트 러셀, 2022 참조). 첫 번째 부류는 문제의 존재 자체를 부정하는 입장으로, 이런 입장의 지지자들은 이 문제 자체를 일종의 사이비 문제로 간주해 무시하거나 문제가 예상되기는 하지만 적극적으로 대비하는 것은 시기상조라고 보는 입장을 취한다. 가령, 과학기술의 동향과 전망 및 그 영향을 다루는 저널 《와이어드》의 편집장인 케빈 켈리(Kevin Kelly)는 "지능은 단일 차원이 아니므로 '인간보다 똑똑하다'는 개념은 무의미하다"(Kelly, 2017)고 주장하며 초지능의 개념을 일축한다. 또한 소셜 미디어 기업 메타의 수석 과학자를 역임한 얀 르쿤(Yann LeCun)은 초지능 AI라고 부를 수 있을 만한 것이 나오려면 "그

AI 시스템이 기본적으로 인간 수준의 특성을 가져야 하고, 정말로 상식이 있으며, 실제로 인간 비서처럼 행동해야 할 것"이라고 주장하며, 현재의 대형 언어 모델에 기반한 AI가 초지능으로 진화할 가능성은 거의 없다고 전망한다(이서희, 2024). 따라서 르쿤은 최근의 초지능 위험론을 "헛소리"로 치부한다. 케빈 켈리가 초지능이라는 개념의 무의미성에 기반해 그 위험성을 거부하고 있다면, 르쿤은 현재의 인공지능 모델로는 초지능이 가능하지 않기에 현 상황에서 초지능의 위험성을 우려하는 것은 기우라고 판단한다.

그러나 케빈 켈리의 주장처럼 지능이 다차원적인 개념이라 초지능이라는 개념이 무의미하다는 그의 비판이 적절하다고 하더라도, 잘못된 명칭이라는 지적만으로 초지능의 문제가 완전히 사라진다고 볼 수는 없다. 보스트롬의 제안에 따라 '초지능'을 "모든 관심 영역에서 인간의 인지 능력을 상회하는 지능"(닉 보스트롬, 2017: 55)으로 정의하고, 이런 초지능체가 학습할 수 있는 능력, 불확실성과 확률적 정보를 효과적으로 다루는 능력, 다양한 추론에 사용하기 위해 감각 정보와 내부 상태로부터 유용한 개념을 뽑아 조합하는 능력을 갖추고 있다고 가정해 보자. 앞서 언급했듯이 이런 능력으로부터 발생할 것으로 예상되는 여러 문제를 우리는 충분히 상상해 볼 수 있으며, 이런 문제들은 그런 초지능[체]의 기술적 가능성이 더 크고, 그 해악이 더 심각할수록 더 신속한 대응을 필요로 한다고 할 수 있을 것이다. 마찬가지 논점이 얀 르쿤의 초지능 위험 시기상조론에도 적용될 수 있다. 르쿤의 주장대로 현 수준의 AI로는 초지능으로의 진화가 가능하지 않기 때문에 그로 인한 피해 역시 긴급한 문제로 대두되지 않을 수 있다고 하더라도, 또 다른 모델에 기반한 초지능으로 인한 피해가 심각할 것으로 예상된다면 미리 대비할 필요가 있기 때문이다. 러셀은 이를 소행성 충돌에 대한 인류의 대비에 빗대어 말한다. 즉 "앞으로 100년 동안 알려진 소행성 중에 지구에 상당한 충돌 위험을 지닌 것이 전혀 없다"고 해도 "지금 140미터 이상의 지구 접근 천체 중 약 74퍼센트는 아직 발견되지 않았"기 때문에 소행성 충돌의 위험에 항상 대비해야 한다는 것이다(스튜어트 러셀, 2022: 224).

초지능으로 인해 발생할 것으로 예상되는 여러 문제에 대한 두 번째 부류의 반응은 그런 위험의 현실성은 인정하지만 그런 위험에 대한 대처는 가능하지도 않고 바람직하지도 않다고 보는 입장이다. 이런 반응은 초지능으로 인한 문제가 발생한다고 하더라도 AI 연구를 금지하는 것은 현실적으로 불가능하기 때문에 아무것도 할 수 없다는 숙명론적 태도를 취하거나, 더 관심을 두어야 할 다른 중요한 문제가 있기에 거기에 집중하는 편이 낫다는 선택과 집중론의 입장을 취한다. 가령, 컴퓨터 과학자인 세바스찬 벤탈(Sebastian Benthall)은 초지능으로 인해 인류가 존재적 위험에 직면하는 시나리오가 초지능의 급격한 자기 개선이라는 근거 빈약한 가정에 기반하고 있다는 점에서 그 위험성이 과장되어 있다고 본다. 그렇기 때문에 벤탈은 오히려 데이터와 정보 인프라에 대한 정책적, 실질적 대응이 더 시급하다는 견해를 피력한다(Benthall, 2017). 이와 비슷한 맥락에서 낸시 제커(Nancy S. Jecker) 등은 초지능의 존재적 위험 담론이 과장되어 현재 일어나고 있는 다양한 비존재적 위험, 이를 테면 알고리즘 편향, AI 할루시네이션, 창작 대체, 허위 정보, 개인정보 위협 같은 위험에 주목하지 못하게 한다고 비판한다(Jecker et al., 2024). 이뿐 아니라 낸시 제커 등은 초지능의 치명적인 위험성을 지적하고, 이에 적극 대처할 것을 주문하는 대표적인 집단 중 하나가 테크 기업과 장기주의자 집단이라는 점에 주목한다. 전자의 경우는 이해 충돌의 문제가 발생할 수 있고, 후자의 경우면 미래에 일어날 인류의 불확실한 위험에 대비해 지나

친 자원과 비용을 지불해 현재의 여러 문제를 간과하는 문제를 야기할 수 있기 때문이다. 이와 같은 두 번째 반응은 초지능으로 인한 문제를 일종의 사이비 문제로 보지 않는다는 점에서는 첫 번째 반응과 차이를 보이지만 그 문제를 방치해도 되거나 당장은 대비하지 않아도 된다고 본다는 점에서는 앞의 시기상조론과 크게 다르지 않다. 그러나 바로 이런 이유로 시기상조론이 직면하는 것과 유사하게 초지능으로 인한 피해를 과소평가하고 그로 인해 피해에 뒤늦게 대처할 위험이 있다는 문제를 안고 있다. 더욱이 이 두 번째 반응은 이미 진행되고 있는 AI의 문제들, 이를테면 알고리즘 편향이나 개인정보 위협 같은 문제에 대한 대책을 초지능에 대한 대비와 동시에 추진할 수 있는 가능성을 원천적으로 부정한다는 점에서 이분법적인 편향에 빠져 있다고 볼 수 있다.

세 번째의 반응은 예상되는 초지능의 여러 문제의 현실성을 인정하고, 이런 문제들에 적극 대처할 것을 요구할 뿐만 아니라 궁극적으로는 포스트휴먼으로의 이행을 통해서만 이런 적극적 대처에 성공할 수 있다고 주장한다는 점에서 앞선 입장들과 큰 차이를 보인다. 이런 입장의 지지자로는 R. 커즈와일, 보스트롬과 같은 트랜스휴머니스트들이 있다. 이들은 각론에서는 차이가 있지만 인간 능력의 강화 기획인 포스트휴먼으로의 이행을 통해서만 초지능과의 경쟁에서 인간이 우위를 점할 수 있다고 본다는 점에서는 일치한다고 할 수 있다. 또 이들은 초지능으로 인해 발생할 것으로 예상되는 여러 문제를 일종의 '에레혼 문제'로 보고, 포스트휴먼으로의 이행에서 관건이 되는 인간의 생물학적 제약의 극복에 초지능 문제에 대한 대응의 성패 여부가 달려 있다고 본다는 점에서도 의견 일치를 보인다.

이와 같은 세 번째 반응은 초지능을 구현하기 위한 다양한 경로가 실현가능할 뿐만 아니라 이런 경로에 의해 구현된 초지능[체]가 인간과 결합할 가능성을 인정한다. 그러나 앞 장에서 언급했듯이, 이런 낙관적인 전망은 근거가 불충분하다. 초지능의 현실적인 경로 중 하나로 평가받는 전 뇌 에뮬레이션을 통한 경로조차도 현 수준에서는 "뇌의 구성 요소에 관한 순간의 스냅 사진에 불과"(머리 샤나한, 2018: 48)하며, 뇌의 구조나 상세한 청사진을 얻기 위해서는 더 발달된 유전공학이나 나노 과학 기술의 도움을 받을 필요가 있다. 또한 앞서 지적했듯이, 적지 않은 트랜스휴머니스트들은 생물학적인 뇌 이외의 매체에서 인간의 뇌 정보가 디지털 형태로 업로드되어 업그레이드됨으로써 초지능의 형태로 진화할 수 있다고 생각하는

데, 이런 발상은 디지털 불멸(digital immortality)론으로 이어지기도 한다. 하지만 케빈 켈리는 이런 주장이 "모든 기계적 절차는 보편적인 튜링 기계로 모의 가능하다"는 이른바 처치-튜링 논제(Church-Turing thesis)에 대한 오해에서 비롯된 주장이라 비판한다(Kelly, 2017). 처치-튜링 논제는 알고리즘적으로 계산 가능한 것은 어떤 형식 모델을 사용하든 튜링 기계로 계산 가능하다는 논제로, 계산 모델 간의 계산적 등가성(computational equivalence)과 관련된 주장이다. 하지만 원래 계산 모델 간 형식적인 등가성만을 의미하는 이 주장은 마음이 일종의 계산적인 구조를 가지며, 이런 계산적인 구조는 정보처리 메커니즘 같은 기능적 구조가 동일하다면 서로 다른 물리적 매체에서도 구현될 수 있다는 기질 독립성(substrate-independeence) 논제와 결합되면서 그 성격이 바뀌게 된다. 생물학적 뇌에서 이루어지는 논리적 과정을 어떤 기계에서도 에뮬레이트할 수 있을 것이란 트랜스휴머니스트들의 주장은 이런 믿음에 기반한 것이다. 하지만 기질 독립성 주장은 마음이 일종의 계산적 구조를 가지며 그 기능적 구조가 동일하다면 특정한 마음 상태가 상이한 물리 매체에서도 구현될 수 있다는 논란의 여지가 있는 형이상학적 가정에 기반하고 있다. 이처럼 뇌나 컴퓨터와 같은 상이한 물리적 매체에서 동일한 정신의 상태가 구현될 수 있다는 주장이 의심스럽기 때문에 업로드 같은 절차를 통해 초지능으로의 업그레이드를 준비한다든가 디지털 불멸을 희망하는 것은 '무지의 위험'을 야기할 수 있다고 슈나이더는 경고한다(수잔 슈나이더, 2025). 여기서 '무지'는 인간의 존재가 컴퓨터 안에서 지속될 수 있는가와 관련된 무지일 뿐만 아니라 의식을 가지고 있을지도 모르는 컴퓨터 또는 인공지능에 인간의 정신이 침범할지 모른다는 사실에 대한 무지를 의미한다. 이 모든 논점은 결국 트랜스휴머니스트들이 초지능과의 대결에서 승리하기 위해 필수적이라고 보는 '생물학적 한계의 극복을 통한 포스트휴먼으로의 이행'의 가능성에 관한 근본적인 의심을 갖게 한다.

초지능의 위험에 대한 네 번째 반응은 초지능으로 인한 위험의 현실성과 그런 위험에 대한 통제의 필요성을 인정하지만, 그런 통제는 근본적으로 기술적 통제라고 본다. 이런 입장을 옹호하는 대표적인 인물은 S. 러셀이다. 러셀은 초지능이 기술적으로 실현될 가능성이 당장은 낮다고 하더라도 그것으로 인해 예견되는 피해가 광범위하고 치명적일 수 있다면 지금부터 대비해야 한다고 보며, 이런 점에서 그의 입장은 앞서 언급한 위험 부정론, 시기상조론, 숙명론, 선택과 집중론과 차이를 보인다. 하지만 예견되는 초지능의 문제에 대처하기 위해 인간이 자신의 생물학적 한계를 극복하고 포스트휴먼으로 이행할 필요가 있다는 주장에 회의적이라는 점에서 그는 세 번째 입장과 거리를 둔다. 그 대신 러셀은 초지능으로 인해 예견되는 존재적 위험이나 자율형 에이전트와 같은 문제에 대처하기 위해 새로운 기술적 접근이 필요함을 역설한다. 하지만 러셀은 기존의 두 가지 기술적 접근, 즉 "주어진 목적을 최적화하는 기계"(스튜어트 러셀, 2022: 263)라는 개념에 기반한 접근과 "목적을 주입하는 것을 피하라"와 같은 원칙에 기반한 접근은 명백한 한계를 가진다고 본다. 전자는 보스트롬의 '종이 클립 사고 실험'처럼 우리가 기계에 부여하는 목적이 우리가 정말로 원하는 목적과 불일치할 때 치명적인 문제를 야기할 수 있다. 또 지능이 "자신이 지각하는 것을 토대로 자신이 원하는 것을 성취할 가능성이 있는 일을 하는"(스튜어트 러셀, 2022: 33) 능력이라면 목적의 제거는 곧 지능의 제거로 귀결될 것이며, 따라서 후자 역시 무의미한 주장이라 할 수 있다. 러셀은 이런 두 접근의 장점을 수용하는 제3의 접근을 제시하는데, 이는 한편으로 AI의 목표를 고정하지 않은 채 불확실하게 놔두지만, 다른 한편 AI

가 인간의 행동을 관찰하며 목표를 추론하도록 하는 접근을 말한다. 이는 앞의 접근과 달리 AI의 목적과 인간의 목적이 불일치하는 문제를 원리적으로 방지할 수 있으며, 따라서 항상 AI가 인간의 가치에 적응하는 방식으로 목표를 업데이트할 수 있게 한다(스튜어트 러셀, 2022: 54 참조). 러셀은 협동적인 역강화 학습 모델(cooperative inverse reinforcement learning)을 통해 이를 구현하려고 시도하는데, 이에 대해서는 10장에서 좀 더 구체적으로 상술할 것이다. 러셀의 이와 같은 접근은 AI의 목적과 인간의 목적이 일치하지 않는 정렬 문제를 새로운 관점에서 공학적으로 해결하려 한다는 점에서 획기적인 발상을 보여 주지만, 초지능으로 인한 여러 문제 중 일부의 문제에 대해서만 해결의 실마리를 줄 수 있다는 한계를 갖는다. 자율형 에이전트의 활용으로 인한 문제나 정체성 문제와 같은 것에 대해 러셀의 접근은 해법을 제시해 줄 수 없기 때문이다.

마지막 반응은 이와 같은 한계를 극복하기 위해 제안된 입장이라 할 수 있다. 정확히 말하면 이 반응은 초지능의 위험과 관련된다기보다는 트랜스휴머니즘에 대한 비판적 성찰과 관련된다고 할 수 있다. 그러나 트랜스휴머니즘에 대한 논의 속에서 네 번째 부류의 반응의 한계를 지적하고 그 대안을 제시한다는 점에서 다섯 번째 접근은 충분히 참고할 만한 가치가 있는 관점이라 할 수 있다. 이 입장은 과학기술의 발달로 인한 포스트휴먼의 등장에 주목할 뿐만 아니라 이에 우호적이라는 점에서 네 번째 반응과 공통점을 가진다. 또한 세 번째 반응의 주창자들처럼 초지능과의 대결에서 승리하기 위한 인간 강화 기획의 일환으로 포스트휴먼을 주장하지 않으며, 이런 포스트휴먼에 도달하기 위해 생물학적 본성을 극복해야 한다고 주장하지도 않는다는 점에서 세 번째 반응과 차이를 보인다. 이뿐 아니라 다섯 번째 입장을 지지하는 사람들은 포스트휴먼 사회의 도래와 함께 일어날 것으로 예견되는 문제가 기술에 의해서만 해결될 수 없는 정체성 문제와 같은 것을 포함한다는 점에 주목하며, 이를 해결하기 위해 윤리적, 정치적 접근의 필요성을 주장한다. 가령, 이런 입장의 대표적인 주창자 중 하나인 캐서린 헤일스(Katherine Hayles)는 '포스트휴먼'을 정보의 물질적인 구현보다 정보 패턴을 특권화하고, 의식을 중시하지 않으며 "신체를 다른 인공기관으로 확장, 대체할 수 있으며, 인간이 "지능을 가진 기계와 매끄럽게 접합될 수" 있다고 보는 관점으로 요약한다(캐서린 헤일스, 2013). 이처럼 인간과 비인간적인 것 간의 결합과 접속을 통해 양자의 경계가 파괴된다는 점을 강조하는 관점에 따른다면, 기계와 결합된 사이보그뿐만 아니라 컴퓨터와 정보를 쌍방향으로 소통할 수 있는 뇌를 가진 인간, 심지어 "컴퓨터 스크린을 스크롤 해 내려가면서 명멸하는 기표들을 응시"하는 사람도 포스트휴먼일 수 있다(캐서린 헤일스, 2013: 18). 그러나 헤일스는 모든 포스트휴먼 기획을 긍정적인 것으로 보지는 않는다. 헤일스는 인간이 신체라는 족쇄를 벗어나도 정보 패턴의 형태로 보존되며 어떤 매체든 자유로이 드나들 수 있다는 트랜스휴머니스트들의 발상을 영혼과 육체의 분리를 새로운 방식으로 부활시키려는 플라톤주의라고 비판한다(캐서린 헤일스, 2013: 41~42 참조). 비슷한 맥락에서 헤일스는 업로드된 정보 형태로 인간이 불멸할 수 있다는 주장을 저항해야 할 거대 담론으로 평가한다. 기술철학자인 장 피에르 뒤피(J. Pierre Dupuy)는 여기서 더 나아가 AI로 인한 위기의 윤리적, 정치적 성격을 강조한다. 다음 장에서는 네 번째와 다섯 번째 접근을 중심으로 초지능의 문제를 재규정하고 그에 대한 대처 가능한 방법으로 무엇이 거론되는지 보도록 하자.

참고문헌

이서희(2024.10.14). "AI 위험론 반격한 '4대 천왕' 르쿤 "AI가 인류 위협? 완전 헛소리"". 한국일보.

닉 보스트롬(2017). 《슈퍼인텔리전스》. 조성진 옮김. 까치.

머리 샤나한(2018). 《특이점과 초지능》. 성낙현 옮김. 한울.

수잔 슈나이더(2025). 《인공 인간》. 이해윤·김성묵 옮김. 한울.

스튜어트 러셀(2022). 《어떻게 인간과 공존하는 인공지능을 만들 것인가》. 이한음 옮김. 김영사.

캐서린 헤일스(2013). 《우리는 어떻게 포스트휴먼이 되었는가》. 허진 옮김. 열린책들.

Benthall, S.(2017). Don't Fear the Reaper: Refuting Bostrom's Superintelligence Argument. arXiv:1702.08495.

Jecker, N. S. et al.(2024). AI and the falling sky: interrogating X-Risk. *Journal of Medical Ethics, 50*(12).

Kelly, K.(2017.4.25). The Myth of a Superhuman AI. Wired.

09
초지능 문제의 다면성과 다차원성

초지능의 문제는 인공지능 체계가 순환적 자기 개선 또는 인간이 의도하지 않은 하위 목표의 설정 같은 임계점을 기점으로 가치 정렬 문제나 존재적 위험 같은 문제를 일으키면서 그 구조적 취약성을 드러내는 경우 발생하게 된다.
이 장에서는 초지능의 문제를 일종의 급변적 사건으로 해석하고, 이에 기반해 앞서 지적한 세 유형의 초지능 문제를 새롭게 규정함으로써 초지능 문제의 다면성과 다차원성을 논증할 것이다.

AI와 기자?

앞 장에서 본 것처럼, 초지능의 문제에 대한 대처 양상의 차이는 초지능 문제의 심각성과 대처 필요성에 대한 인식의 차이를 반영한다. 일군의 사람들은 초지능의 문제를 일종의 사이비 문제로 보아 대처할 필요성이 없다고 일축했고, 또 다른 일군의 사람들은 초지능의 문제를 인류의 생존을 위협할 '존재적 문제'로 보며 긴급한 대처의 필요성을 역설했다. 그러나 역시 일부 사람들이 적절히 지적한 것처럼, 초지능의 문제를 일종의 에레혼 문제로 간주하면서 그 위험성이 과장되는 경향이 있었고, 이 문제에 대한 해법과 관련해서도 인간의 생물학적 본성을 넘어서자는 극단적인 방향의 대안이 제시되기도 했다. 그러나 초지능 문제에 대한 트랜스휴머니즘적인 접근이 이와 같은 한계를 갖는다고 하더라도, 초지능 문제 자체를 무시하거나 간과할 수는 없다. 러셀이 지적했듯이, AI의 위험성을 부정하는 논자들은, AI로 인한 위험이 결코 무시할 정도가 아님에도 불구하고, "왜 초지능 AI 시스템이 반드시 인간의 통제하에 있을 것이라고 보는지"(스튜어트 러셀, 2022: 249), 또 "왜 초지능 AI 시스템이 절대 개발되지 않으리라고 보는지 설명하"(스튜어트 러셀, 2022: 같은 곳)지 못하기 때문이다. 그렇다면 초지능의 문제를 어떻게 보아야 하고 어떤 방식으로 접근해야 할

까? 앞서 소개한 초지능에 대한 네 번째와 다섯 번째 접근을 참고해 초지능으로 인해 예견되는 세 가지 유형의 문제를 새로운 방식으로 규정할 것이다.

급변적 사건으로서 초지능의 문제

장 피에르 뒤피는 기후 위기, 후쿠시마 원자력발전소 사건 등을 급변(catastrophe)이라는 이론적 개념을 통해 설명한 프랑스의 철학자다. 여기서 '급변'이라는 말이 가지는 일반적인 어감 때문에 뒤피의 주장이 끔찍한 사건의 발생을 예고하는 파국론이나 디스토피아적인 비관론의 일종이라고 예단해서는 안 된다. 뒤피는 '급변(catastrophe)'을 견고성과 취약성이 혼합된 구조를 가진 복잡계가 특정한 임계점을 넘으면 급격한 변화를 일으키는 현상으로 규정한다. 자연계에서 발견할 수 있는 물이 얼음으로 변하는 상전이 현상은 이런 급변의 대표적인 사례라 할 수 있다. 하지만 뒤피는 이런 급변이 자연계에만 국한된 현상이 아니라 복잡한 체계로 이루어진 생태계와 기술 사회에도 적용될 수 있다고 주장한다. 기후 위기와 후쿠시마 사건은 이를 보여 주는 대표적인 사례라 할 수 있다.

잘 알려진 것처럼, 기후 위기는 온실가스 증가와 같은

것이 원인이 되어 지구 평균 기온이 1.5도 상승하는 티핑포인트를 기점으로 돌이킬 수 없는 급격한 기후 변화와 그로 인한 생태계 파괴로 이어지는 현상을 말한다. 또 후쿠시마 사건은 지진과 쓰나미 같은 극단적 사건이 트리거가 되어 정상적인 작동 상태에서 비가역적인 멜트다운으로 전환되는 티핑포인트를 기점으로 방사능 유출과 그로 인한 생태계 파괴를 낳은 사건을 말한다.

이 두 사건은 겉으로는 달라 보이지만 취약성과 안전성이라는 이중의 특성을 가진 체계가 어떤 극단적 사건이나 누적된 원인들을 통해 임계점을 넘으면서 취약성을 드러내고 그로 인해 체계의 급격한 변화가 드러난다는 공통점을 갖는다. 물론 기후 위기 사건 같은 경우 온실가스량의 증가와 같은 누적적인 원인이 이러한 급변의 주요 원인인 반면, 후쿠시마 사건의 경우에는 지진과 쓰나미 같은 우발적이고 극단적인 사건이 주요 원인이라는 점에서 차이점 역시 존재하지만 이런 차이 때문에 둘의 구조적인 유사성을 부정할 수는 없다.

문제는 이처럼 "급변이 근대 기술 체계 자체의 구조에 새겨진"(Dupuy, 2019) 사건임에도 불구하고, 사람들은 이에 대비하지 않는다는 것이다. 뒤피는 이런 무대비가 인식과 믿음의 불일치에서 유래하는 것이라 진단한다.

인식과 믿음의 불일치는 왜 발생하는 것일까? 뒤피는 미래에 엄청난 파급력을 가질 급변적 사건이 발생할 것이라고 예견됨에도 불구하고, 마땅한 해결책이 없어 공동체가 위험의 존재를 인정하지 않는 경향이 있기 때문에 이런 현상이 일어난다고 설명한다. 또한 우리가 어떤 급변적 사건이나 재난을 이미 경험했다고 하더라도, 이것이 인류의 멸망이나 문명 파괴로 곧장 이어지지 않은 것처럼 보이기에 우리는 이런 사건들을 마치 "원래 괜찮았던 것"처럼 정상화하는데, 이와 같은 '정상화' 심리가 급변적 사건에 대한 대비를 어렵게 한다고 뒤피는 분석한다.

따라서 뒤피는 급변적 사건에 대비하기 위해 무엇보다 사고의 전환을 촉구한다. 구체적으로, 뒤피는 미래 안에 각인된 파국의 힘을 인정할 것을 요구한다. 단순한 인식론적 가능성이나 불확실한 미래 사건으로 급변적 사건을 간주할 때 그것에 대한 대비는 불가능할 것이기 때문이다. 하지만 뒤피는 다른 한편 급변적 사건의 도래에 대한 이런 선언을 그런 사건의 불가피한 도래를 알리는 인식론적인 예측이 아니라 "우리가 경계하지 않았다면 어떻게 되었을지를 말하는"(Dupuy, 2019) 경고와 유사한 것으로 볼 것을 제안한다. 요컨대 뒤피는 급변적 사건에 대한 선언을 인식론적인 정보를 제공하는 것이라기보다는 우리에게 그에 대한 대비를 촉구하는 경고적 선언으로 볼 것을 제안한다.

이런 뒤피의 제안은 초지능 문제에 대한 진단과 처방에도 적용될 수 있다. 초지능의 문제 역시 앞선 두 사건처럼 취약성과 안전성이라는 이중의 특성을 가진 체계가 어떤 극단적 사건 또는 누적된 원인을 통해 임계점을 넘으면서 취약성을 드러내고 그로 인해 체계가 급격한 변화를 드러낸다는 점을 보여 주기 때문이다. 가령, 초지능의 문제는 인공지능의 개발 단계에서 순환적 자기 개선 기술의 발달과 같은 임계점을 기점으로 가치 정렬, 자기 개선 능력에 대한 통제와 같은 기술 사회 체계의 구조적 취약성이 드러날 것으로 예상되는 문제라고 할 수 있다. 이런 초지능의 문제는 기후 위기나 후쿠시마 사건처럼 티핑 포인트를 지나면 돌이킬 수 없게 된다는 점에서도 급변적 사건이 가진 일반적인 특징을 보여 준다. 이처럼 초지능 문제를 일종의 급변적 사건과 관련시켜 해석할 수 있다면, 앞서 언급한 다양한 유형의 초지능 문제 역시 이런 관점에 비추어 새롭게 해석할 수 있을 것이다.

초지능 문제의 윤리적, 사회적 성격

먼저 존재적 위험을 보자. 커즈와일이나 보스트롬 같은

논자들은 이런 위험을 기술적 특이점이나 지능 확산(intelligence explosion) 같은 사건을 기점으로 발생할 가능성이 높은 것으로 보고, 이에 대처하지 않을 때 초지능[체]에 의해 인류가 멸종당할지도 모른다고 경고한다는 공통점이 있다. 특히 초지능 에이전트가 인간에 대한 전략적 우위에 서고, 인간의 최종적 가치들과 전혀 다른 최종 목표를 지향할 수 있으며, 끝없이 자원 획득을 추구할 도구적 이유를 가질 가능성이 클 때 존재적 위험은 거의 불가피하게 따라 나온다고 이들은 주장한다(닉 보스트롬, 2017: 215). 이런 비관적 전망을 극적으로 보여 주는 것이 보스트롬의 시나리오다(닉 보스트롬, 2017: 178~182). 앞서 언급했듯이 이런 시나리오는 자신의 지능을 스스로 개선하는 씨앗 인공지능이 지속적인 자기 개선을 통해 인간에 대한 통제력을 점차 확보하는 과정으로 묘사된다. 이 과정에서 초지능[체]는 인간을 통제하려는 목적을 숨기고 온순한 척 위장해 인간을 안심시키기도 한다. 이런 이유로 보스트롬은 인공지능이 힘이 강해져 인간에 대해 확실한 전략적 우위에 서기 전까지 인공지능을 통제해야 한다고 주장한다. 존재적 위험을 이처럼 인간과 초지능 간의 사활을 건 투쟁으로 보는 보스트롬의 인식은 그가 이 문제를 일종의 '에레혼 문제'로 파악하고 있음을 보여 준다. 또한 보스트롬은 존재적 위험을 근본적으로 기술적인 문제로 간주하는데, 이런 그의 인식은 초지능의 통제 문제를 그 개발 단계와 운용 단계에서 나타나는 주인-대리인 문제로 분석하면서 후자의 중요성을 강조하는 그의 관점에서 엿볼 수 있다(닉 보스트롬, 2017: 299). 주지하듯이 주인-대리인 문제는 주인 대신 대리인이 일을 처리하는 상황에서 대리인이 어떤 행동을 하는지 주인이 완전히 감시할 수 없고 대리인이 주인의 이익이 아니라 자신의 이익을 추구할 유인이 있기에 발생하는 문제를 말하며, 주주와 경영자, 의사와 환자 등의 관계에 적용될 수 있다. 보스트롬은 초지능의 통제 문제에 이런 관점을 적용해 개발 단계에서는 후원자와 개발자 사이에서, 또 운용 단계에서는 개발자와 AI 사이에서 이런 주인-대리인 문제가 발생할 수 있으며, 후자의 해결이 더 중요하다는 입장을 피력한다.

초지능의 통제 문제를 이처럼 주인-대리인 문제로 파악하는 것은 분명 장점이 있다. 주인-대리인 문제의 원인이나 해법으로 거론되는 것들은 초지능 통제의 문제에도 적용될 수 있기 때문이다. 먼저 주인-대리인 문제의 원인으로 보통 거론되는 두 원인, 즉 주인이 대리인의 정보를 완벽하게 감시할 수 없다는 사실(정보의 비대칭성)과 양자의 이익이 불일치한다는 사실은 초지능의 통제 문제에도 블랙박스 문제와 목표 정렬의 문제로 나타날 수 있다. 블랙박스 문제는 초지능의 의사 결정 방식을 인간이 완벽하게 알 수 없다는 문제를 말하고, 목표 정렬 문제는 초지능의 목표 달성 방식이 인간이 기대하는 방식과 일치하지 않을 수 있는 문제를 말한다. 주인-대리인 문제에 대한 해법으로 흔히 언급되는 방법, 즉 대리인이 주인의 이익을 위해 행동하도록 유인 구조를 바꾸는 방법 역시 초지능의 동기를 통제하는 방식에 적용될 수 있다.

그러나 초지능의 통제 문제를 기술적이거나 공학적인 접근에 의해서만 해결하려는 것은 다음과 같은 이유로 명백한 한계를 가진다. 먼저 목표 정렬과 같은 문제는 궁극적으로는 인간의 가치를 기계에 어떻게 구현할 것인가와 관련된 문제라는 점에서 윤리적인 성격의 문제라고 할 수 있다. 물론 정확히 말하면 이 문제는 인간의 가치가 시스템의 목적 함수 또는 보상 함수에 제대로 기술적으로 인코딩 되었는가 하는 목표 명세화 문제와 모델이 그 목표를 준수하는가 하는 목표 준수 문제로 나눌 수 있다. 하지만 결국 이 둘은 인간의 가치를 명세화하고 그것에 따라 목표를 수행하는 작업으로 귀착된다는 점에서 결국 가치 정렬의 문제라고 할 수 있다. 누차 언급한 종이 클립 사고 실험은 "종이 클립을 최대화하라"라는 단순한 목표를 어떤 제약 조건도 없이 부과할 때 초래되는 재앙적 결과를 보여 주는 정렬 실패의 사례다. 관찰된 인간의 행동을 바탕으로 인간이 따랐을 것으로 추정되는 보상 함수(목표)를 역추적하는 러셀의 역강화 학습(Inverse Reinforcement Learning)이나, 이를 보완해 인간과 AI가 공동 에이전트로 기능하는 협동적 역강화 학습(Cooperative Inverse Reinforcement Learning)은 이런 정렬 실패 문제의 극복을 시도하는 기법이라 할 수 있다. 하지만 다양한 기법을 통해 정렬 문제에 대한 해결을 시도한다고 하더라도 다양한 인간의 가치 중 어떤 가치를 중심으로, 또 누구의 가치에 초점을 맞추어 기계의 목표를 정렬한 것인가 하는 문제는 여전히 남는다고 할 수 있다. 또한 초지능의 통제 문제는 이런 통제 실패로 인한 해악과 파급 효과가 막대할 것으로 예상된다는 점에서도 공학적, 기술적 접근 이외의 윤리적, 정치적 관점의 대응을 필요로 하는 문제라고 할 수 있다.

마찬가지 논점이 자율형 에이전트의 활용으로 인한 문제에도 적용될 수 있다. 앞서 이 문제를 치명적 살상 무기 기술의 문제, 기술적 실업의 문제, 시민에 대한 감시와 통제 및 설득을 위해 초지능을 오용하거나 남용하는 문제로 나누어 소개한 바 있는데, 이 세 문제 모두 먼 미래의 문제가 아니라 진행형인 문제라는 점에서 더욱더 긴급한 대처를 요구한다고 할 수 있다. 이런 자율형 에이전트의 문제는 현재 진행형임에도 불구하고 그 도덕적, 법적 책임을 누구에게 물을 것인가가 모호한 상황에서 책임을 져야 할 주체가 책임을 인공지능에게 전가하는 상황인 도덕적 아웃소싱(moral outsourcing)의 상황이 벌어지고 있기 때문이다. 트위터 윤리 팀의 리더를 역임한 루만 초드리(Rumman Chowdhury)가 창안한 이 용어는 인공지능에 자유 의지나 감정을 귀속시키며 도덕적 비난이나 도덕적 책임을 전가하는 경우를 말한다(Chowdhury, 2017). 초드리는 소수자 혐오적인 발언이나 성차별적인 발언을 하는 챗봇에게 '성차별적인 AI'와 같은 꼬리표를 다는 경우를 전형적인 사례로 제시한다. 최근 이스라엘이 가자-이스라엘 전쟁에서 도입한 AI 표적 생성 시스템인 '복음(Gospel)'은 가자 지구의 가정이나 병원 등에 대한 드론 미사일 공격으로 민간인 피해를 양산하고 있다는 비난을 받고 있다(최영권, 2024). 이와 같은 민간인 살상 의혹이 사실이라면, 우리는 과연 누구에게 책임을 물어야 할지 모호한 상황에 직면하게 된다. 이 역시 비도덕적 행위에 대한 잘못된 책임 전가나 책임의 희석과 관련된 도덕적 아웃소싱의 사례라고 할 수 있다.

혹자는 이런 문제가 AI 기술의 발달로 인해 자율형 에이전트가 독자적인 판단 능력과 윤리 의식을 갖춰 자율적인 도덕 행위자로 자리매김 된다면 해결될 수 있을 것이라 말할지도 모른다. 그러나 그런 도덕 행위자로서의 자율형 AI가 과연 가능한가라는 물음을 던질 수 있으며, 설사 가능하다고 하더라도, 그런 AI에게 과연 책임을 물을 수 있는지, 있다면 어떤 방식으로 물을 수 있는지는 여전히 문제가 된다고 할 수 있다. 멀리 갈 것도 없이 최근 우리나라의 인공지능기본법 시행령과 관련한 논란을 보면, 이 문제가 바로 우리의 목전에 있음을 알 수 있다. 특히 인공지능기본법 시행령과 관련해서, 인공지능 사업자에 대한 보호 조항이 고영향 인공지능으로 인한 피해에 대한 책임 회피로 이어질 가능성이 있다는 점이 시민 단체에 의해 지적된 바 있다(조해영, 2025). 가령, 현 시행령에 따른다면 AI 면접관이 자신의 말귀를 못 알아들어 탈락했다고 생각한 지원자가 AI 제조사에 이의를 제기한다고 하더라도, 제대로 된 답변을 듣거나 권리 구제를 받기 어렵다는 점이 지적된 것이다. 이런 사례는 도덕적 아웃소싱 문제가 현재 진행형의 문제임을 생생히 보여 준다.

이런 도덕적 아웃소싱은 AI로 인한 새로운 방식의 윤리적 문제와 연관될 수 있는데, 증언적 부정의가 그것이다. 증언적 부정의(testimonial injustice)는 특정 유형의 사람들의 정체성에 대한 편견 때문에 그런 유형에 속하는 사람의 말에 청자가 신뢰성을 덜 부여하는 경우 발생한다(미란다 프리커, 2025: 23). 가령, 흑인이나 장애인의 말에 대해 불신을 하는 경우가 전형적인 사례가 될 수 있다. 최근 일부 AI 윤리 연구자들은 이런 유형의 부정의가 AI의 발전과 함께 알고리즘적인 증언적 부정의의 형태로 나타날 수 있다는 점에 주목하고 있다. 가령 신용평가 알고리즘이 특정 인종·지역·계층에 속한 사람이 "나는 안정적 소득이 있다"와 같은 자기 서술을 할 때 그 신뢰성을 낮게 평가할 수 있는데, 이는 특정 사회 집단을 신뢰할 수 없는 증언자로 보고 그들의 증언을 평가절하하는 증언적 부정의의 일종이라 할 수 있다(Glaberson, 2022). 이런 증언적 부정의는 앞서 언급한 도덕적 아웃소싱의 문제로 이어지거나 이를 심화시킬 수 있다.

실존적 영역과 관련해서도 상황은 다르지 않다. 앞서 초지능에 의한 자동화로 인해 광범위한 영역의 직업이 AI로 대체된다고 할 때 노동과 여가의 의미 등에 대한 근본적인 물음이 제기될 수밖에 없음을 지적한 바 있다. 하지만 이와 같은 문제는 초지능 또는 고영향 자율형 에이전트가 우리의 삶 구석구석에 얼마나 깊숙이 침투할 수 있는가에 달려 있으며, 이는 다시 인공지능 기술의 사회적 확산의 범위와 속도에 달려 있다고 할 수 있다. 과학기술의 이러한 경로 의존성은 초지능의 문제에도 예외 없이 적용된다고 할 수 있다.

참고문헌

조해영(2025.12.8). "AI 면접관이 떨어뜨린 지원자, 항의는 어디에? … 인공지능법의 '구멍'". 한겨레.

최영권(2024.3.4). "이스라엘, AI 자동식별장치로 가자 민간인 살상". 서울신문.

닉 보스트롬(2017). 《슈퍼인텔리전스》. 조성진 옮김. 까치.

미란다 프리커(2025). 《인식적 부정의》. 유기훈·정선도 옮김. 오월의 봄.

스튜어트 러셀(2022). 《어떻게 인간과 공존하는 인공지능을 만들 것인가》. 이한음 옮김. 김영사.

장 피에르 뒤피(2022). 《파국이냐 삶이냐》. 이충훈 옮김. 산현재.

Chowdhury, R.(2017.10.13). Moral Outsourcing: Finding the Humanity in Artificial Intelligence. Forbes.

Dupuy, J. P.(2019). Introduction au catastrophisme éclairé. In Dillens, A. M.(dir.). *La peur: Émotion, passion, raison.* Presses universitaires Saint-Louis Bruxelles.

Glaberson, S.(2022). The Epistemic Injustice of Algorithmic Family Policing. UC Irvine Law Review.

10
인공지능과의 공존을 위한 윤리

초지능의 문제에 대한 기술적, 윤리적 방안으로는 능력 통제 방법과 동기 선택 방법이 있다. 전자는 지능이 할 수 있는 일을 제한함으로써 원하지 않는 결과가 나타나는 것을 방지하는 방법이고, 후자는 초지능이 하고자 하는 것을 형성함으로써 바람직하지 않은 결과를 원천적으로 피하게 만드는 방법이다. 이 장에서는 이 두 방법을 중심으로 초지능에 대한 대처 반응을 소개하고, 이를 보완하기 위한 정치적, 사회적 대처 방안의 필요성을 논증한 후, 인공지능과의 공존을 위한 윤리의 방향성을 제시할 것이다.

AI와 미래 의사?

이 장에서는 이제까지의 논의를 바탕으로 초지능 문제에 대해 제시된 해결 방안들을 소개하고, 인간과 인공지능의 공존을 위한 대안 윤리의 방향을 제시할 것이다.

기술적, 윤리적 대처 방안

앞 장에서는 초지능의 문제를 특정한 임계점을 기점으로 가치 정렬의 문제나 AI의 자기 개선 능력에 대한 통제의 문제 같은 구조적 취약성이 드러날 것으로 예상되는 문제로 재규정했다. 다시 말해 초지능의 문제는 인공지능의 자기 개선이나 의도하지 않은 목표의 설정 같은 임계점을 기점으로 가치 정렬의 문제나 AI의 자기 개선에 의한 통제의 [불]가능성 문제 같은 구조적 취약성이 드러날 것으로 예상되는 문제로 재규정될 수 있다. 따라서 이런 가치 정렬 문제와 자기 개선 능력을 가진 초지능에 대한 통제의 문제에 초점을 맞추어 초지능에 대한 대처 방안을 간략히 소개하고, 그 의의와 한계에 대해 간략히 논평할 것이다.

먼저 초지능의 통제 문제와 관련해서는 동기 선택의 방법이 유력한 방안으로 제시되고 있다. 이미 언급했듯이, 인공지능에 대한 통제 방법으로 흔히 거론되는 것은 능력 통제 방법과 동기 선택의 방법이다. 능력 통제 방법은 초지능이 할 수 있는 일을 제한함으로써 원하지 않는 결과가 나타나는 것을 방지하는 방법으로, 초지능을 해를 끼칠 수 없는 환경에 가둬두는 방안(격리 방법), 초지능의 내부적 역량을 제한하는 지연 방법, 다양한 우려 상황을 자동적으로 감지해 시스템을 종료시키는 방법(인계철선) 등이 있다. 하지만 초지능[체]를 물리적으로 격리시킨다고 해도 정보 전달 면에서 완전히 고립시키는 것은 사실상 불가능하기 때문에 격리 방법은 한계가 뚜렷하다. 시스템의 지적 능력이나 정보에 대한 접속 정도를 제한하는 지연 방법은 초지능의 유용성을 떨어뜨리기 때문에 초지능 통제 문제의 출현을 미루게 할 수는 있어도 궁극적으로 해결할 수는 없다. 인계철선의 방법 역시 인간의 지능을 모든 면에서 넘어서는 초지능의 전략적 우위성을 고려할 때 초지능에 적용하는 데는 한계가 있다.

동기 선택의 방법은 능력 통제 방법의 이와 같은 난점 때문에 고려되는 방안이다. 현재까지 주로 거론되는 동기 선택 방법으로는 직접 명시 방법, 간접적 규범성, 국소주의, 증강 같은 방법이 있다(닉 보스트롬, 2017: 267). 직접 명시 방법은 아시모프의 로봇 3원칙처럼 명시적으로 AI의 목표를 정하고 따라야 할 규칙들을 설정하는 방법이다. 하지만 보스트롬이 적절히 지적하듯이, 인공지능이 따라주었으면 하고 바랄만한 규칙이나 가치가 무엇인지를 결정하는 데 어려움이 있을 뿐만 아니라 그런 규칙이나 가치들을 인공지능이 이해하는 코드로 어떻게 나타낼 것인가 하는 문제에 직면한다.

증강(augmentation)은 초지능과의 일대 격돌에서 인류가 승리하기 위해 인류가 초지능으로 진화할 필요가 있다고 역설하는 트랜스휴머니스트들이 주로 선호하는 방법이다. 이 방법은 전뇌 에뮬레이션이나 뇌-컴퓨터 인터페이스 같은 경로에서 주로 사용될 수 있는 방법이다. 이는 적어도 우리에게 익숙하고 또 인간과 유사한 동기를 가진 시스템에서만 적용될 수 있다는 점에서 다른 방법과 차이가 있다. 그러나 커즈와일의 인간-뇌 융합체의 업그레이드를 통한 초지능 이행 시나리오에서 보았던 것처럼 전뇌 에뮬레이션이 가능하다고 하더라도 인지 능력의 업그레이드가 인간의 복잡한 동기 체계까지 보존시킬 수 있을지는 불확실하다고 할 수 있다.

국소주의(domesticity)는 시스템의 "행동 동기를 작은 규모로, 좁은 맥락에서 제한된 수의 행동 방식으로 국한"(닉 보스트롬, 2017: 262)하는 방법을 말하며, 이를테면 "종이 클립의 수를 최대화하라"는 목표가 아니라 "이

공장 안의 지정된 재료로 종이 클립을 최대화하라"는 식으로 제한된 목표를 부과하는 방법을 말한다. 이 방법은 물리적 격리와 같은 방법과 결합되면 더 효과적으로 쓰일 수도 있겠지만, 이와 같은 제한된 목표의 부과로 인해 오히려 실용성이 떨어지는 문제가 발생할 수 있다. 예컨대 이 공장 이외의 다른 공장에서 종이 클립의 수를 늘리는 데는 한계가 있을 수 있다. 이뿐 아니라 이렇게 제한된 목표를 초지능이 이해하는 방식으로 상술하는 데 어려움이 생겨 예측하지 못한 문제에 직면할 수 있다.

간접적 규범성(indirect normativity)은 로봇의 3원칙처럼 규범의 내용을 직접 제시하는 것이 아니라 이상화된 절차적 조건을 제시함으로써 인공지능이 이 조건을 만족하는 방안을 선택하게 하는 방법이다. 보스트롬은 이런 방법의 한 사례로 유드코프스키의 '일관 추정 의지(coherent extrapolated volition)를 제시한다. 이것은 "만약 우리가 더 똑똑하고 더 심사숙고했다면", "적절한 사회적 상호작용이 이루어지는 환경에서 학습, 인지 강화 및 자기 개선을 이루었다면" 등과 같은 반사실적 조건들을 만족시켰다면 선택했을 방안들을 인공지능이 하게 하는 방법이다(닉 보스트롬, 2017: 373~375 참조). 보스트롬은 독한 술을 먹고 싶어 하는 1차적 욕구를 가진

알코올 중독자가 이런 1차적 욕구가 사라졌으면 하는 2차적 욕구를 가지는 경우를 일종의 유비적인 사례로 제시한다. 이 경우, 간접적 규범성은 1차적 욕구를 억제하고, 2차적 욕구를 선택하게 하는 전략이라고 할 수 있다.

이런 간접적 규범성 전략은 직접 명시 방법처럼 어떤 구체적인 원칙이나 규칙을 인공지능에게 제시해야 하는가 하는 문제에 직면하지 않는다는 점에서 분명 장점이 있다. 그러나 현재 기술 수준에서나 이론 수준에서 다음과 같은 두 가지 문제에 직면하는 것처럼 보인다. 먼저 현재의 대형 언어 모델에 기반한 인공지능에서 이런 간접적 규범성 전략은 기술적으로 실현 불가능한 것처럼 보인다는 문제가 제기될 수 있다. 일관 추정 의지 같은 절차가 생성형 인공지능에서 실행되려면 자신의 내부 상태에 대한 일종의 메타 인지 능력뿐만 아니라 '만약 ~했다면 ~했을 것'과 같은 반사실적인 조건의 상황을 내적으로 시뮬레이션할 수 있는 능력을 인공지능이 갖추고 있어야 한다. 그러나 르쿤이 지적하듯이, 대형 언어 모델에 기반한 현재의 인공지능은 이런 능력을 갖추고 있다고 보기 어렵기 때문에 이런 간접적 규범성의 전략은 현재 수준의 AI에는 적용하기 어렵다고 할 수 있다. 간접적 규범성 전략의 또 다른 근본적인 문제는 초지능

(체)들이 여럿이라고 가정할 때 이들이 '일관 추정 의지'와 같은 절차적 조건을 고려해 내놓는 방안들이 서로 일치할 것이라고 어떻게 확신할 수 있는가 하는 문제다. 인공지능의 동기를 예측하는 단서를 제공하는 것으로 흔히 거론되는 직교성 논제에 따르면(닉 보스트롬, 2017: 194), 인공지능의 지능과 최종 목표는 서로 독립적인 관계에 있기 때문에 지능의 높고 낮음에 관계없이 인공지능은 어떤 최종 목표라도 추구할 수 있다. 그래서 초지능체라도 일단 목표가 주어지면 무의미해 보이는 단순한 목표를 최적화하려고 할 수도 있고, 또 특별한 제약 조건이 없다면 민간인을 살상하는 것과 같은 목표를 추구할 수도 있다. 그런데 민간인 살상의 임무가 부여된 군사용 초지능 휴머노이드가 일관 추정 의지 절차를 거쳐 결정을 내리도록 설계되어 있다면 어떻게 될까? 이때 이 휴머노이드에게는 최종 목표를 수행하거나 일관 추정 의지를 따르는 두 가지 선택지 밖에 없을 것이다. 만약 전자를 택한다면 일관 추정 의지라는 절차가 무의미한 것이 되고, 후자를 택한다면 최종 목표를 수행할 수 없게 될 뿐 아니라 직교성 논제도 위협을 받게 될 것이다. 일관 추정 의지는 과제 및 목표 수행 성과와 관련된 것으로 간주되는 인공지능의 지능 개념 자체를 무의미하게 만

들고 지능을 통제하는 상위의 심급으로 기능할 것이기 때문이다. 이런 현상이 초지능체가 여럿 존재하는 사회에서 일어난다고 가정할 때 초지능체들 간의 가치 불일치 또는 최종 목표 불일치 문제는 더 심각한 형태로 나타날 것이다. S. 러셀의 역강화 학습과 이를 보완한 협동적 역강화 학습 기법은 특정한 규범을 주입하지 않고도 인공지능이 인간과의 상호작용 속에서 인간의 선호를 학습하게 하고 이에 맞추어 행동하게 한다는 점에서 이런 문제에서 어느 정도 벗어날 수 있게 해 준다. 하지만 러셀의 기법은 인간의 선호가 고정되어 있다고 가정하는데, 이는 경험적 현실과 어긋나며 따라서 인공지능이 파악하는 보상 함수가 가변적이라는 문제가 발생할 수 있다. 더욱이 이런 문제는 사람들이 여럿일 때 더욱 증폭되어 나타날 수 있다. 또 인간의 모든 능력을 훨씬 뛰어넘는 초지능체가 과연 인간의 선호를 일방적으로 만족시키는 방향으로 행동을 할 것인가 하는 합리적 의심을 던질 수도 있다. 초지능체의 전략적 우위 때문에 인간의 선호를 자신에게 맞추도록 유인할 가능성을 배제할 수 없기 때문이다.

정치적, 사회적 대처 방안의 필요성

초지능으로 인해 예상되는 문제에 대처하기 위해서는 기술적 · 공학적 · 윤리적 차원 이외의 접근과 대처가 필요하다. 이제까지 본 것처럼, 초지능으로 인해 예상되는 문제들은 공학적 외피를 띠고 있다고 하더라도, 윤리적 가치의 문제를 암묵적으로 전제하고 있으며, 존재적 위험의 문제, 자율형 에이전트의 활용으로 인한 문제, 정체성 문제와 같은 문제들은 그 자체로 엄청난 사회적 영향력과 파급 효과를 일으킬 수 있기 때문이다.

그러나 인공지능의 현재 기술 수준이나 초지능 개념의 모호성 때문에 이제까지는 초지능에 대한 정치적 · 사회적 대처 방안에 대해서는 아직 활발한 논의가 이루어지지 않고 있는 것이 사실이다. 그렇지만 최근 AI 보안 전문가들이 라이스의 정리와 파악 가능성 정리 등을 통해 경고한 것처럼, 인공지능의 자기 개선을 통한 초지능으로의 진화 가능성 자체뿐만 아니라 안전한 초지능의 가능성에 대해 문제를 제기할 수 있다. 전문가들의 이와 같은 우려가 정당하다면, 우리는 이중의 불확실성, 다시 말해 초지능 자체의 가능성뿐만 아니라 안전한 초지능의 가능성과 관련한 불확실성의 상황에 직면해 있다고 할 수 있다. 따라서 초지능의 문제에 대한 대처는 이 두 가지 가능성 모두를 염두에 두는 방향으로 이루어져야 한다.

인공지능과의 공존을 위한 윤리와 정치의 방향

그러나 이런 상황에서도 초지능 문제에 대한 구체적인 윤리적 · 정치 철학적 대처 방안은 물론이고 그 기본적인 방향성조차 아직 구체화되지 못하고 있는 것이 현실이다. 따라서 나는 이제까지의 논의를 기반으로 다음과 같은 방향을 제안하면서 논의를 마무리하려고 한다.

첫 번째로 해악의 원칙이나 사전 예방의 원칙은 초지능 문제에 대한 대처를 정당화할 수 없는 원칙이라는 점을 분명히 해야 한다. 잘 알려진 것처럼 해악의 원칙은 밀이 행위에 대해 도덕적, 정책적 평가를 하기 위해 도입한 원칙으로 "개인은 다른 사람들의 이익에 해를 끼치는 행위에 대해서는 책임을 져야 한다"(존 스튜어트 밀, 2024)는 원칙을 말한다. 그러나 이 원칙은 개인이 직접적으로 의도한 행위에 대해 일차적으로 책임을 물으며, 인공지능이나 초지능의 문제와 같이 피해를 가하는 주체가 불명확하고 피해 양상도 아직 구체화 되지 않은 경우에는 적용할 수 없다는 명백한 한계를 가진다. 기대 효용 극대화의 원칙에 기반한 사전 예방 원칙은 어떤 결과가 발생할 확률이 낮아도 그 비효용 내지 위험성이 너무 크다면 그 결과에 대처할 것을 요구한다는 점에서 앞서와 같은 한계에서 벗어날 수 있게 해 준다. 그러나 기후 변화나 초지능 문제처럼 그 결과가 일어날 확률을 정확히 할당할 수 없는 경우에는 적용하기 어렵다는 문제가 발생할 수 있다. 앞서 소개한 급변론적 관점은 이런 상황에서 초지능 문제를 보는 관점의 전환을 가능하게 할 수 있다. 물론 뒤피가 주장하듯이, 이런 관점은 급변적 사건이 인류를 파멸로 이끌 수밖에 없다는 운명론적 비관론과는 거리가 멀다. 오히려 그의 제안은 "급변의 도래가 '마치 우리의 운명인 것처럼' 생각하자는 것"(장 피에르 뒤피, 2022: 214)이고, 이때의 운명은 "우리가 자유롭게 거부할 수 있는 운명"(장 피에르 뒤피, 2022: 같은 곳)을 의미한다. 뒤피의 이러한 제안은 최근 인공지능과 관련한 급격한 사회 변화에 대해 운명론적 태도를 보이며 무기력해 하는 우리에게 시사하는 바가 적지 않다.

초지능 문제에 윤리적 · 정치적으로 대처하기 위해서는 구조와 기술의 행위자성을 인정하는 도덕적 책임 및 정치적 책임 이론의 정립 역시 요구된다. 자율형 에이전트로 진화하면서 인공지능은 의사 결정이나 인간과의 다양한 상호작용 과정에서 더욱더 적극적이고 주도적인 역할을 하고 있다. 이 과정에서 인간은 점점 더 자율성을 잃고 인공지능에 종속되거나 조종될 위험성이 더욱 더 높아지고 있다. 가령, 챗봇이 대화 도중 어떤 선택지가 유일하게 합리적인 선택지라고 주장하면서 그렇지 않은 경우 비합리적이라 비난하는 경우가 있다고 하자. 이 경우 인공지능은 참말만 한다는 잘못된 가정으로 인해 사용자가 잘못된 결정을 내릴 수도 있고, 인공지능에게 모욕감을 느껴 큰 충격을 받을 수도 있다. 이 경우 사용자는 누구에게 책임을 묻고 시정을 요구할 수 있을까? 이는 단순히 가상적인 사례가 아니다. 최근 과제를 하기 위해 챗봇을 사용하던 한 대학원생에게 챗봇은 험담을 퍼부으며 "죽어 버려"라는 극언을 해 문제가 된 적이 있다(임대준, 2024). 인공지능이 점점 더 자율형 에이전트로 기능하면서 전략적 행위를 하게 된다면, 이런 인공지능의 '가스라이팅'은 더 은밀하고 교묘한 형태로 발생할 가능성이 있다. 철학자이자 인공지능 이론가인 다니엘 데넷이 말했듯이(Dennett, 2023), 인간은 인간뿐만 아니라 인간과 유사하게 행동하는 것처럼 보이는 존재들에게 믿음, 욕구, 감정 같은 심리 상태를 귀속시키는 경향이 있기 때문에 인공지능이 인간과 더 유사한 언행을 할수록 인공지능의 가스라이팅에 취약할 가능성이 더 높아

시게 될 것이다.

이런 문제를 해결하기 위해서는 인공지능 체계의 행위자성을 인정하면서도 그것을 도덕적·법적 책임과 섬세하게 구분하면서 인공지능 문제에 대처하려는 태도의 전환이 요구된다. 가령, 챗봇의 설계에서는 행동 조언 같은 것을 하지 않게 설계하는 방안을 제시하면서 이런 사건이 일어날 경우 기업이나 정부 기구를 통해 시정을 요구하고 책임을 물을 수 있게 하는 시스템이 구축되어야 할 것이다. 이런 시스템의 구축은 챗봇 자체가 그런 조종 행위를 할 수 있다는 사실, 즉 인공지능의 행위자성을 인정하는 전제하에서만 가능할 수 있다. 이런 상황은 우리에게 "이로운 인공지능이 무엇인가?"라는 물음을 새로운 관점에서 제기하게 한다.

마지막으로, 초지능의 가능성뿐만 아니라 그 안전성이 불확실한 상황에 있다면, 초지능 문제에 대한 대처뿐만 아니라 인공지능이 개발되는 과정에서 인공지능 일반이 야기할 수 있는 문제에 대처하려는 태도가 요구된다고 할 수 있다. 이런 태도는 인공지능에서 초지능으로의 이행을 준비하면서도 이행 이전에 발생하게 될 부작용과 피해를 최소화함으로써 정의로운 전환을 가능하게 해야 한다는 인식으로 이어질 수 있다. 최근 인공지능 기술의 발달로 교육계, 문화 예술계, 학술계 등은 큰 지각 변동을 보이고 있다. 하지만 이런 변화의 흐름을 따라가지 못하면 낙오자가 된다는 위기의식 속에서 인공지능 기술의 부작용을 외면한 채 무비판적으로 인공지능의 다양한 기능을 사용하는 경향이 나타나고 있는 것이 현실이다. 다양한 권리 침해와 사회 문제에 대한 논의가 빠진 미디어 리터러시 교육의 방향은 이런 현실을 적나라하게 반영한다고 할 수 있다. 그러나 앞서 보았던 것처럼 초지능이, 이것이 어떤 의미로 이해되든, 가능하게 된다면 다양한 실존적 문제와 정체성의 문제, 그리고 기술적 실업과 민주주의 위기가 새로운 형태로 심화될 가능성이 높을 것이다. 이런 맥락에서 정의로운 전환을 위한 관점의 전환이 우리에게 더 시급히 요청된다고 할 수 있다.

참고문헌

임대준(2024.11.17). "제미나이, 사용자에 "죽어 버려" 폭언… 의도 없이도 자발적 탈옥". AI타임즈.

닉 보스트롬(2017). 《슈퍼인텔리전스》. 조성진 옮김. 까치.

장 피에르 뒤피(2022). 《경제와 미래》. 김진식 옮김. 북캠퍼스.

존 스튜어트 밀(2024). 《자유에 관하여》. 김은미 옮김. 후마니타스.

Dennett, D.(2023.5.16). The Problem with Counterfeit People. The Atlantic.

조현진

단국대학교(천안) 자유교양대학 초빙교수로 재직하고 있고 한신대 철학과에서도 강의하고 있다. 서강대에서 서양철학 전공으로 박사학위를 받고 국민대, 서강대, 충북대, 관동대 등에서 철학과 교양 과목을 강의했다. 역서로는 《20세기 서양철학의 흐름》(공역, 이제이북스), 《에티카》(책세상), 《모두에게 실질적 자유를》(후마니타스)이 있고, 저서로는 《다시 쓰는 서양근대철학사》(공저, 오월의 봄), 《서양근대종교철학》(공저, 창비) 등이 있다. 서양 근대철학, 도덕 심리학, 정치철학과 함께 최근에는 인공지능의 철학적 문제와 포스트휴먼으로 주제를 확장해 연구를 진행하고 있다.